Jamal El Kafi

Critique de la Doxa

Jamal El Kafi

Critique de la Doxa

Vers une Écologie de l'Identité

Éditions Vie

Imprint
Any brand names and product names mentioned in this book are subject to trademark, brand or patent protection and are trademarks or registered trademarks of their respective holders. The use of brand names, product names, common names, trade names, product descriptions etc. even without a particular marking in this work is in no way to be construed to mean that such names may be regarded as unrestricted in respect of trademark and brand protection legislation and could thus be used by anyone.

Cover image: www.ingimage.com

Publisher:
Éditions Vie
is a trademark of
Dodo Books Indian Ocean Ltd. and OmniScriptum S.R.L publishing group

120 High Road, East Finchley, London, N2 9ED, United Kingdom
Str. Armeneasca 28/1, office 1, Chisinau MD-2012, Republic of Moldova, Europe
Managing Directors: Ieva Konstantinova, Victoria Ursu
info@omniscriptum.com

Printed at: see last page
ISBN: 978-620-8-87694-4

Critique de la doxa

- Vers une Écologie de l'Identité -

Par Jamal EL KAFI

Préambule :

L'Écho d'une Rencontre, le Souffle d'une Question

La genèse de cet ouvrage ne trouve pas son origine dans une simple observation familiale, mais dans une rencontre marquante, survenue au détour d'une de mes missions de coaching familial. J'ai alors croisé le chemin d'un jeune homme, dont le nom, **Hurr**, d'origine arabe **حر**, signifie "***libre***". Cette liberté, non pas celle des actes, mais celle de l'esprit, résonnait étrangement avec les questionnements profonds qui m'habitaient depuis longtemps.

Hurr, accompagné de son père, incarnait avec une acuité saisissante les tensions inhérentes au dialogue intergénérationnel.

Face à la richesse et à l'originalité de sa pensée, un besoin s'est imposé : celui d'une exploration approfondie, d'une tentative de compréhension qui dépasse le simple constat.

Cette démarche n'est pas née d'une simple curiosité professionnelle, mais d'une nécessité plus profonde : celle de transcender le potentiel destructeur inhérent au conflit des générations. Car le temps, inexorable, nous place sur des rives opposées.

Les jeunes générations, porteuses d'un monde en devenir, et les générations plus anciennes, dépositaires d'un héritage en constante réinterprétation, se rencontrent, se confrontent, parfois s'affrontent.

Ce dialogue, souvent difficile, est pourtant essentiel à la dynamique de toute société. Il est le moteur du changement, de l'évolution des idées, mais aussi, potentiellement, une source de tensions et d'incompréhensions.

Mon expérience professionnelle, forte de plus de trente années passées dans l'enseignement universitaire et technique, m'a placé au cœur de ce dialogue intergénérationnel. En effet, mon métier de professeur m'a offert un observatoire privilégié sur le passage incessant des générations, depuis les jeunes bacheliers ou niveau bac jusqu'aux docteurs et même au-delà. Ce contact constant avec la jeunesse m'a permis de naviguer entre deux rives : celle du "*vieux*" que l'âge m'assigne inévitablement, et celle de "*l'esprit jeune*" que la fréquentation des nouvelles générations d'étudiants entretient et nourrit. Je suis ainsi devenu un être hybride, un pont entre deux mondes, constamment tiraillé entre la mémoire du passé et l'élan vers l'avenir.

La rencontre avec Hurr et son père a cristallisé ces réflexions et a donné une nouvelle impulsion à ma démarche. Le regard de Hurr sur le monde, souvent décalé par rapport aux normes établies, m'a confronté à des questions essentielles sur la nature du temps, de la transmission, et de la construction des identités. Cette rencontre a agi comme un catalyseur, me poussant à explorer avec plus de profondeur les enjeux du dialogue entre les générations.

Ce livre est donc né de ce besoin impérieux de comprendre, non seulement la dynamique observée auprès de Hurr et de son père, mais aussi les enjeux plus vastes du dialogue entre les générations, dans l'espoir de dépasser les conflits stériles et de construire un avenir commun, fondé sur la compréhension mutuelle et le respect des différences.

Être parent n'est pas facile. Une célèbre chanson dit : « *Tout le monde sait comment on fait des bébés. Mais personne ne sait comment on fait des papas* ». Cette vérité universelle résonne d'autant plus fort face aux défis que pose le dialogue intergénérationnel.

Introduction

Depuis l'aube de la pensée, l'homme est confronté à une énigme fondamentale : *la nature du réel*. Qu'est-ce qui se cache derrière le voile des apparences, derrière la surface des choses ? Sommes-nous condamnés à errer dans un monde d'illusions, prisonniers de nos perceptions limitées, ou existe-t-il une vérité plus profonde, une réalité plus authentique, accessible à ceux qui osent s'aventurer au-delà de l'évidence ?

Cette quête incessante de sens, cette soif de comprendre le monde et notre place en son sein, est au cœur de la démarche philosophique. Elle nous invite à remettre en question nos certitudes les plus ancrées, à examiner les fondements de nos croyances et à sonder les territoires inexplorés de la pensée.

Or, la pensée commune, la "*doxa*" comme la nommaient les Grecs anciens, exerce une influence considérable sur notre perception du monde. Elle nous enferme dans des schémas préétablis, des idées reçues, des vérités convenues, nous empêchant, bien souvent, de penser par nous-mêmes, de cultiver un jugement véritablement autonome. Elle nous conditionne à voir le monde tel qu'on nous le présente, et non tel qu'il est réellement. Face à cette omniprésence de la doxa, il existe heureusement des esprits rebelles, des penseurs marginaux qui refusent de se conformer à la pensée dominante. Des esprits libres qui, par leur regard critique et leur indépendance d'esprit, nous offrent des perspectives alternatives, des éclairages nouveaux sur des questions fondamentales.

Hurr est de ceux-là. Avec son regard singulier et son parcours académique et professionnel atypiques qui contrastent singulièrement avec ses profondes interrogations philosophiques, il incarne une approche singulière de la réflexion. Son esprit se situe à l'intersection de plusieurs mondes : celui de la science, de la philosophie, de l'économie, du social, de l'humain et j’en passe.

Cette configuration unique lui confère une perspective holistique, une capacité à dépasser les cloisonnements disciplinaires et à aborder les enjeux contemporains avec un regard neuf et original.

L'une de ses réflexions les plus marquantes, et qui illustre parfaitement sa démarche, concerne le paradoxe de la dépendance. Alors que l'on considère généralement que les enfants dépendent de leurs parents, Hurr observe, avec une lucidité surprenante, que dans bien des cas, c'est en réalité l'inverse qui se produit. Hurr cite « *le cas des parents placés dans des maisons de retraite et qui souffrent de leur " isolement ". Ils ont besoin de leurs enfants. Ces derniers, quant à eux, ils sont souvent, à ce moment-là heureux et indépendants dans leur quête du monde.* »

Cette observation, aussi simple qu'elle puisse paraître, remet en question des schémas de pensée profondément ancrés dans notre société et nous invite à repenser les relations intergénérationnelles sous un angle nouveau.

C'est là toute la force de sa pensée : partir d'une observation concrète, la questionner, la mettre en perspective, l'analyser avec un esprit critique et en tirer des conclusions souvent inattendues, mais toujours éclairantes.

Au-delà des apparences, ce livre apporte un éclairage sur les réflexions d'un esprit libre est une plongée au cœur de l'univers intellectuel de Hurr. Ce n'est pas un traité philosophique au sens académique du terme, mais plutôt une invitation au voyage, une exploration des méandres de la pensée de Hurr, une tentative de cartographier les territoires de son esprit libre.

À travers ses analyses souvent surprenantes, ses intuitions parfois fulgurantes et son regard toujours singulier, il nous invite à nous affranchir des préjugés, à cultiver notre propre jugement et à voir le monde non pas tel qu'on nous le présente, mais tel qu'il est, dans toute sa complexité et sa richesse.

Cet ouvrage se propose ainsi de partager avec le lecteur les fruits de ses réflexions, en espérant susciter chez lui, à son tour, un questionnement profond sur le monde qui l'entoure en partant du personnage de Hurr et de son histoire.

Notre démarche se situe au cœur de l'expérience de Hurr. Initialement il était question d'aborder ce livre de manière classique, en commençant par un survol des grands courants philosophiques, de l'Antiquité à nos jours. Nous souhaitions ainsi planter le décor, poser les bases d'une réflexion approfondie sur les thèmes qui traversent cet ouvrage.

Finalement, il ne s'agissait plus de réaliser une histoire exhaustive de la philosophie, mais plutôt de mettre en lumière les courants de pensée qui éclairent le cheminement singulier de Hurr. En effet, nous avions prévu de structurer ce premier chapitre en explorant des jalons philosophiques tels que le paradoxe des liens, le dialogue incessant, la quête perpétuelle, l'humain et l'existence, les traces du passé... Cependant, au fil de l'écriture, nous avons réalisé que cette approche, bien que pertinente sur le plan intellectuel, risquait de complexifier inutilement la lecture et finirait par rebuter un public non initié. Notre intention première a toujours été de rendre cette réflexion accessible au plus grand nombre, de partager l'expérience de Hurr avec un public large et diversifié. C'est pourquoi nous avons choisi de modifier notre approche. Nous avons décidé de plonger d'abord au cœur de l'expérience de Hurr, de partager son histoire, ses réflexions, ses émotions. Nous avons même, délibérément, accepté une certaine redondance pour simplifier et rappeler certains concepts clés. Nous avons voulu construire un récit vivant, concret, proche du lecteur, avant de revenir, dans un second temps, sur les concepts philosophiques qui sous-tendent cette expérience.

Ceux qui souhaitent approfondir leur compréhension des enjeux philosophiques abordés dans ce livre trouveront, en fin d'ouvrage, un chapitre qui leur sera consacré. Ils pourront ainsi explorer plus en détail les courants de pensée, les auteurs et les concepts qui éclairent le parcours de Hurr.

Nous sommes convaincus que cette nouvelle approche permettra aux lecteurs de mieux s'identifier à Hurr, de comprendre les défis auxquels il est confronté et de cheminer avec lui sur la voie de la transformation. Nous espérons que ce livre, en partant du singulier pour aller vers l'universel, suscitera des réflexions profondes sur notre propre existence, sur nos relations avec les autres et sur le monde dans lequel nous vivons.

Chapitre 1 : Un cadre pour comprendre

Ce chapitre est une invitation à explorer l'univers de Hurr. Il pose les premières pierres d'un édifice que nous continuerons à construire au fil de notre lecture.

Nous ne visons pas l'exhaustivité, mais plutôt à offrir une vue d'ensemble, un panorama des idées qui ont façonné la pensée de Hurr.

Les détails, les nuances, les théories les plus complexes seront abordés dans les chapitres suivants, pour ceux qui souhaitent approfondir leur compréhension. Ici, l'objectif est de vous donner les clés pour vous orienter, pour vous permettre de suivre le fil conducteur de la réflexion de Hurr.

Nous avons choisi de ne pas noyer ce texte sous un flot de théories abstraites. Nous avons préféré aller à l'essentiel : les notions qui nous aident à comprendre le cheminement spécifique de Hurr.

Commençons par La philosophie. Depuis son émergence dans l'Antiquité grecque, elle s'est érigée en une quête incessante de compréhension du monde et de la place que l'homme y occupe. Elle ne se contente pas de décrire la réalité, mais cherche à en percer les mystères, à en interroger les fondements, à en explorer les implications. Elle nous invite à une remise en question permanente de nos certitudes, à une analyse critique des idées reçues, à une exploration des territoires inexplorés de la pensée. Mais ce premier chapitre n'est pas une encyclopédie philosophique. Il ne prétend pas embrasser toute l'histoire de la pensée. Il se veut plus modeste : une fenêtre ouverte sur les idées qui font écho aux questionnements de Hurr. Une invitation à la réflexion, un éclairage sur les courants qui résonnent avec son expérience. Une sorte de projection d'un espace complexe sur repère orthonormé.

Ici, il s'agit d'offrir un cadre simple, une carte conceptuelle pour mieux comprendre la richesse et la complexité du parcours de Hurr. Un point de départ, une amorce pour une réflexion plus personnelle. J'espère que ce chapitre, en éclairant le regard de Hurr sur le monde, vous invitera à votre tour à interroger votre propre rapport à l'existence. A analyser les tensions internes qui vous tiraillent.

La tension entre autonomie et appartenance est la plus dominante. C'est une constante dans l'histoire de la philosophie. Les penseurs de toutes les époques se sont interrogés sur la nature des liens qui nous unissent aux autres et sur la capacité de l'individu à se déterminer par lui-même.

La notion d'autarcie, quant à elle, souligne l'idéal d'une existence autosuffisante, indépendante des contingences extérieures.

Beaucoup de philosophes se sont penchés sur toutes ces questions. Ils ont ainsi proposé plusieurs perspectives.

Ces différentes perspectives, bien que parfois divergentes, convergent vers une interrogation commune : « *Comment concilier la nécessité des liens sociaux et le besoin d'autonomie individuelle ?* »

Pour Hurr, comme pour chacun de nous, cette question est essentielle. Horr cherche un équilibre entre son désir de liberté et son besoin d'appartenance, entre son individualité et ses liens avec sa famille et la société.

Comme nous tous, Hurr est engagé dans un dialogue constant avec le monde qui l'entoure.

Ce dialogue prend différentes formes. Tout d'abord le rapport à la nature. Hurr est sensible à la beauté et à la fragilité de la nature. Il s'interroge sur la place de l'homme dans l'environnement et sur les conséquences de nos actions sur la planète. Il est conscient des enjeux écologiques et cherche à adopter un mode de vie plus respectueux de l'environnement.

Vient ensuite le rapport à la science. Hurr est fasciné par les découvertes scientifiques et les avancées technologiques. Il s'intéresse aux questions éthiques que soulèvent ces progrès et s'interroge sur leur impact sur la société et sur l'avenir de l'humanité.

Enfin, il y a le rapport aux autres. Hurr est ouvert au dialogue et à l'échange avec les autres. Il cherche à comprendre les différentes perspectives, les différentes cultures, les différentes façons de penser. Il est conscient de la richesse de la diversité humaine et cherche à construire des relations basées sur le respect et la tolérance.

Ce dialogue incessant est une source d'enrichissement et de questionnement pour Hurr. Il lui permet de mieux comprendre le monde qui l'entoure, de se forger sa propre opinion et de construire sa propre vision de l'avenir.

Arrivé à ce stade, quelques réflexions philosophiques s’imposent. En effet, depuis l'Antiquité, les philosophes se sont interrogés sur le rapport entre l'homme et la nature. Les Présocratiques ont été les premiers à chercher des explications rationnelles aux phénomènes naturels. Aristote a posé les bases de la science occidentale en étudiant le mouvement et le changement. La modernité, marquée par l'essor de la science, a vu émerger de nouvelles conceptions de la nature. Descartes a opéré une distinction radicale entre l'âme et le corps, ouvrant la voie à une approche scientifique objective de la nature. Les Lumières ont exalté le pouvoir de la raison et de la science pour transformer le monde.

Aujourd'hui, l'écologie profonde nous invite à repenser notre rapport à la nature, en reconnaissant sa valeur intrinsèque. La philosophie des sciences s'interroge sur la nature de la vérité scientifique et son impact sur la société.

Ce dialogue entre l'homme, la nature et la science continue de nourrir les réflexions contemporaines. Hurr, en tant que jeune homme de son époque, est pleinement intégré à ce dialogue. Il est conscient des enjeux environnementaux, des questions éthiques soulevées par les avancées scientifiques et de la nécessité de construire un monde plus juste et plus durable.

Mais Hurr a sa propre vision du monde de demain. Comme beaucoup de jeunes de sa génération, il ne se contente pas de vivre dans le monde actuel, il cherche à le comprendre, à le transformer, à le réinventer. Il est conscient des défis majeurs auxquels l'humanité est confrontée : les inégalités sociales persistantes, la crise écologique, les mutations technologiques rapides, les tensions géopolitiques, etc. Il se sent concerné par ces enjeux et veut contribuer à construire un avenir meilleur.

Pour Hurr, il ne s'agit pas seulement de constater les problèmes, mais de chercher des solutions, d'imaginer, du moins, des alternatives, de proposer des actions. Il s'intéresse aux débats sur la justice sociale, la répartition des richesses, les droits humains, la démocratie participative, l'économie circulaire, l'agriculture durable, les énergies renouvelables, etc. Il se documente, il échange avec d'autres jeunes.

Hurr est animé par un profond désir de justice et de solidarité. Il est sensible aux souffrances des autres, aux inégalités criantes qui persistent dans le monde. Il rêve d'une société plus équitable, où chacun aurait sa place, où les ressources seraient partagées de manière plus juste, où les voix de tous seraient entendues.

Il est également préoccupé par la crise écologique. Il est conscient de la fragilité de notre planète et des conséquences désastreuses de nos modes de vie actuels. Il aspire à un monde plus respectueux de l'environnement, où l'homme vivrait en harmonie avec la nature, où les générations futures pourraient bénéficier des mêmes richesses que nous.

Les mutations technologiques sont une autre source de questionnement pour Hurr. Il est fasciné par les potentialités de la science et des nouvelles technologies, mais il est aussi conscient des risques qu'elles peuvent engendrer : la surveillance généralisée, la manipulation de l'information, la destruction d'emplois, etc. Il se demande comment nous pouvons utiliser la technologie de manière responsable, au service de l'humain et du bien commun.

La quête de Hurr est donc une quête perpétuelle, un cheminement constant vers un idéal de société. Il ne s'agit pas d'une utopie irréaliste, mais d'un projet de vie, d'un engagement personnel. Hurr est convaincu que chacun peut, à son échelle, faire une différence, apporter sa contribution à la construction d'un monde meilleur.

Hurr est aussi face à l'absurde et est en quête de sens. Il est, comme la plupart des êtres humains, confronté à des questions fondamentales sur la nature de l'existence. Qui sommes-nous ? Quel est le sens de la vie ? Pourquoi y a-t-il de la souffrance ? Qu'arrive-t-il après la mort ?

Ces questions, qui traversent l'histoire de la philosophie depuis ses origines, sont particulièrement présentes dans l'esprit de Hurr. Il est conscient de l'absurdité de l'existence, de la fragilité de la condition humaine, de la vanité de certaines ambitions.

Pourtant, il ne se laisse pas gagner par le désespoir ou le nihilisme. Il cherche un sens à la vie, une raison d'agir, un espoir pour l'avenir. Il est animé par une soif de connaissance, une curiosité insatiable, un désir de comprendre le monde et de trouver sa place dans l'univers.

Hurr est également sensible aux questions morales. Il s'interroge sur le bien et le mal, la justice et l'injustice, les valeurs qui devraient guider nos actions. Il cherche à vivre en accord avec ses convictions, à faire des choix responsables, à contribuer au bien-être de la société.

Les quelques réflexions philosophiques que l'on pourrait associer à ces questions concernent l'existentialisme, courant majeur du XXe siècle, qui a profondément marqué la réflexion sur la nature de l'être humain et le sens de l'existence. Kierkegaard a mis l'accent sur l'angoisse existentielle et le choix individuel. Sartre a développé une philosophie de la liberté absolue. Camus a exploré les thèmes de l'absurde et de la révolte. Est venue ensuite la phénoménologie, avec Husserl. Elle s'est attachée à décrire l'expérience vécue et la structure de la conscience. Heidegger a posé la question de l'être et a exploré la temporalité et la finitude de l'existence humaine.

Enfin, la philosophie morale s'interroge sur les valeurs et les principes qui guident nos actions. Différentes théories éthiques proposent des cadres conceptuels pour penser le bien et le mal.

Ce questionnement sur l'humain et l'existence continue de nourrir les réflexions contemporaines, face aux défis posés par les avancées scientifiques et technologiques, les mutations sociales et les enjeux environnementaux.

Hurr, en tant que jeune homme de son époque, est pleinement intégré à ces réflexions. Il est confronté aux mêmes questions que les philosophes et cherche, à sa manière, des réponses ou des pistes de réflexion. Il est animé par une soif de sens, une quête de vérité, un désir de vivre pleinement et de laisser une empreinte positive dans le monde.

Hurr est héritier et créateur de son histoire. Il n'est pas né de rien. Il est le fruit d'une histoire, d'une généalogie, d'une culture. Il porte en lui les traces du passé, l'héritage de sa famille, de ses ancêtres, de sa communauté. Cet héritage est une richesse inestimable, une source d'inspiration, un point d'ancrage dans le temps et dans l'espace. Il lui donne un sentiment d'appartenance, de continuité, de lien avec les générations précédentes.

Cet héritage est multiple et complexe. Il est fait de traditions, de valeurs, de croyances, de savoirs, de coutumes, de langues, d'arts, de musiques, de récits, de mémoires. Il est transmis par les parents, les grands-parents, les proches, les institutions, les médias, les livres, les objets, les lieux. Il est présent dans les gènes, dans le sang, dans le cœur, dans l'esprit.

Pour Hurr, cet héritage est une source de fierté, de force, d'identité. Il se sent lié à son passé, à son histoire familiale, à sa culture d'origine. Il respecte les traditions, il honore la mémoire de ses ancêtres, il se sent redevable envers ceux qui l'ont précédé.

Mais Hurr ne se contente pas de recevoir cet héritage, il se l'approprie, il le réinterprète, il le transforme. Il en fait quelque chose de nouveau, de personnel, de vivant. Il ne se contente pas de répéter le passé, il le questionne, il le critique, il le dépasse. Il cherche à comprendre comment le passé a façonné le présent, comment il influence l'avenir. Il veut savoir « qui » il est, « d'où » il vient et « où » il va.

Hurr est conscient que son héritage est ambivalent. Il peut être une force, un soutien, une source d'inspiration, mais il peut aussi être un poids, une contrainte, un obstacle. Il peut l’enfermer dans des schémas, des modèles, des attentes. Il peut l’empêcher de penser librement, de choisir sa propre voie, de vivre sa propre vie.

C'est pourquoi Hurr cherche un équilibre entre la fidélité à ses racines et la liberté de se construire soi-même. Il veut garder ce qui est bon, ce qui est juste, ce qui est beau dans son héritage, mais il veut aussi se libérer de ce qui est négatif, ce qui est dépassé, ce qui ne lui convient plus. Il veut être à la fois héritier et créateur de son histoire.

Hurr est un être de son temps, un produit de son époque. Il est influencé par les idées, les valeurs, les technologies, les événements qui marquent son époque. Il est ouvert au monde, à la diversité, au changement. Il veut vivre pleinement son temps, en accord avec ses convictions, ses passions, ses aspirations.

Mais Hurr est aussi un être de mémoire, un être de profondeur, un être de racines. Il sait que son identité se construit dans la durée, dans le lien avec le passé, dans la transmission des savoirs et des expériences. Il veut se souvenir, il veut comprendre, il veut transmettre.

Hurr est un être en devenir, un être en mouvement, un être en quête de sens. Il cherche sa place dans le monde, il cherche sa vérité, il cherche son chemin. Il se construit, pas à pas, au fil des rencontres, des expériences, des épreuves. Il est à la fois le produit de son histoire et le créateur de son avenir.

Cela nous mène à quelques réflexions philosophiques encore. La première est celle de la question du temps et de la mémoire qui a suscité de nombreuses réflexions philosophiques. Platon a distingué le monde sensible, soumis au changement, du monde intelligible, éternel et immuable. Aristote a étudié le temps comme une mesure du mouvement. Bergson a développé le concept de durée, une conception subjective du temps vécu.

Aujourd'hui, les neurosciences et la psychologie cognitive apportent un éclairage nouveau sur les mécanismes de la mémoire et de la perception du temps. La philosophie de l'histoire s'interroge sur le sens de l'histoire humaine et la transmission des savoirs.

Ces réflexions philosophiques nous aident à comprendre l'importance de la mémoire dans la construction de notre identité. La mémoire individuelle et collective nous relie au passé, nous donne un sentiment de continuité et nous permet de nous projeter dans l'avenir.

Hurr, est, là encore, pleinement intégré à ces réflexions. Il est conscient de l'importance de son héritage, mais il veut aussi se construire sa propre identité, en accord avec ses valeurs et ses aspirations. Il cherche un équilibre entre le passé et l'avenir, entre la mémoire et l'oubli, entre la tradition et la modernité.

Ces quelques jalons philosophiques, loin d'épuiser la richesse des débats, offrent un cadre pour appréhender les réflexions de Hurr.

Son regard singulier, que nous explorerons dans les chapitres suivants, s'inscrit dans cette longue tradition de questionnement, tout en apportant une contribution originale et souvent décalée.

Chapitre 2 : Hurr, l'être paradoxal

Les théories sont là, mais c'est dans la vie de Hurr que nous les verrons s'incarner. Les fondations sont posées et il est temps désormais de construire l'édifice.

Notre héros, avec ses doutes, ses espoirs et ses contradictions, va nous offrir une expérience unique pour comprendre ces concepts abstraits de manière concrète. Hurr sera notre guide dans cette aventure intellectuelle. Ensemble, nous allons explorer les profondeurs de sa conscience et les nuances de son âme.

Ce chapitre se propose de dresser un portrait de sa personnalité, non pas à travers une analyse psychologique exhaustive, mais plutôt en juxtaposant un certain nombre de faits et de paroles qui, mis ensemble, révèlent un être complexe et paradoxal.

Il s'agit de comprendre les fondements de sa pensée, les racines de ses convictions, afin de mieux appréhender les réflexions qu'il nous livre.

En effet, Hurr, un jeune homme, à « *priori banal* », de notre époque, incarne à lui seul les paradoxes et les tensions qui traversent notre société. Son parcours, ses questionnements, ses aspirations font écho aux défis auxquels chacun de nous est confronté dans sa quête d'identité et de sens.

Hurr, comme tout être humain, est pris dans un paradoxe fondamental : le besoin d'autonomie et la quête d'appartenance. Il aspire à se construire sa propre identité, à affirmer sa liberté et son individualité, tout en ressentant un besoin profond de se connecter aux autres, de partager des valeurs et de se sentir intégré dans un groupe social.

Ce paradoxe est au cœur des tensions intergénérationnelles. Hurr, en tant que jeune homme, est porteur d'un monde en devenir, de nouvelles idées et de nouvelles aspirations. Il cherche à s'émanciper de l'héritage familial, à tracer son propre chemin, parfois en rupture avec les attentes de ses parents.

Pourtant, il reste attaché à sa famille, à ses racines, à son histoire. Il a besoin de leur reconnaissance, de leur soutien, de leur amour. Il cherche un équilibre entre la liberté d'être soi et la nécessité de se sentir connecté aux autres.

Le dialogue entre Hurr et sa famille est essentiel pour naviguer dans ce paradoxe. C'est un pont entre les générations, un espace où chacun peut exprimer ses besoins, ses sentiments, ses peurs et ses espoirs.

Ce dialogue n'est pas toujours facile. Il peut être marqué par des incompréhensions, des tensions, des conflits. Pourtant, il est indispensable pour construire des relations plus harmonieuses, basées sur le respect mutuel et la reconnaissance de la différence.

La quête d'identité de Hurr est un processus continu, une exploration de soi et du monde. Il cherche sa place, son sens, sa vérité. Il se construit, pas à pas, au fil des expériences, des rencontres et des épreuves.

Cette quête est parfois douloureuse, parfois joyeuse, mais toujours intense. Elle demande du courage, de la persévérance, de la patience. Elle implique de se remettre en question, de se confronter à ses propres limites, de se dépasser.

Le regard de Hurr sur le monde est singulier, original, parfois décalé. Il ne se contente pas des réponses toutes faites, des idées reçues, des conventions sociales. Il interroge, il questionne, il cherche à comprendre.

Son approche est intuitive, sensible et empathique. Il observe le monde avec son cœur autant qu'avec son esprit. Il ressent les choses profondément, il se laisse toucher par la beauté, la laideur, la joie et la souffrance.

Hurr porte en lui les traces du passé, l'héritage de sa famille, de sa culture, de son histoire. Cet héritage est une richesse, une source d'inspiration, un point d'ancrage. Mais, il ne s'agit pas d'un poids, d'une contrainte, d'un déterminisme. Hurr transforme cet héritage, il se l'approprie, il le réinterprète à sa manière. Il en fait quelque chose de nouveau, de personnel, de vivant.

Le parcours de Hurr est unique, singulier, personnel. Pourtant, il est aussi universel. Il fait écho aux expériences de chacun de nous, à nos propres quêtes, à nos propres défis.

En suivant le cheminement de Hurr et son expérience singulière, nous pouvons mieux comprendre les enjeux complexes liés à la construction de soi, aux relations intergénérationnelles et à la place de l'individu dans le monde en constante mutation. Nous pouvons apprendre à dialoguer, à écouter, à respecter la différence. Nous pouvons cultiver l'espoir, la persévérance et la bienveillance.

Dès les premiers échanges, une évidence s'impose, comme une mélodie discrète mais persistante : Hurr entretient un rapport singulier, presque mystique, avec le monde matériel. Son regard ne se pose pas sur les objets avec la froideur de l'inventaire, mais avec la chaleur d'une reconnaissance, comme s'il retrouvait des fragments d'un langage oublié. Il ne voit pas des choses, mais des signes, des échos d'une harmonie originelle.

Pour Hurr, la Terre n'est pas une simple étendue de matière inerte, une ressource à exploiter ou un territoire à conquérir. Elle est une création divine, un poème cosmique écrit par une main invisible, un sanctuaire où chaque pierre, chaque arbre, chaque brin d'herbe porte l'empreinte du sacré. Elle est un bien commun, un héritage partagé par tous les êtres vivants, sans distinction de race, de condition ou de statut.

Cette conviction, ancrée au plus profond de son être, résonne comme un appel à la fraternité universelle, une invitation à reconnaître notre appartenance commune à un même cosmos.

De cette vision découle un questionnement radical, une interrogation qui fuse comme un éclair dans le ciel de la pensée de Hurr : « *pourquoi, dès lors, devrions-nous payer pour fouler le sol d'un espace public naturel, pour respirer l'air pur d'une forêt ou pour contempler la beauté d'un paysage ?* ». « *Pourquoi devrions-nous nous acquitter d'un droit d'accès à une part de cette création qui nous revient de droit et qui nous est offerte en partage depuis l'aube des temps ?* »

Cette question, en apparence simple, est lourde de sens. Elle ne se limite pas à une revendication matérielle, à une contestation des tarifs ou des réglementations. Elle est l'expression d'une conception philosophique profonde, une remise en cause des fondements mêmes de la propriété privée.

Pour Hurr, l'idée de s'approprier une portion de Terre, de la clôturer, de la marquer de son sceau, est une aberration, une rupture de l'harmonie originelle. C'est comme vouloir emprisonner un rayon de soleil, mettre en cage le chant d'un oiseau, ou prétendre posséder une part du ciel étoilé.

L’interrogation de Hurr révèle une aspiration à une forme de communion avec la nature, une volonté de renouer avec un lien ancestral, une conscience aiguë de notre interdépendance avec le monde vivant. Il ne s'agit pas pour lui de posséder la Terre, mais de se sentir partie intégrante de son cycle infini, de vibrer à l'unisson avec son rythme cosmique.

Ce rapport singulier au monde, cette communion silencieuse avec la nature, se double d'une intériorité complexe, marquée par une tension constante entre la timidité et l'éruption.

Hurr est un être de silence, un contemplatif dont les pensées profondes semblent se déployer dans les replis secrets de son âme. Il observe le monde avec une attention aiguë, absorbant les détails, les nuances, les vibrations imperceptibles qui échappent au regard distrait.

Pourtant, cette réserve, cette pudeur des sentiments, n'est pas synonyme d'indifférence ou d'apathie. Au contraire, elle masque une sensibilité à fleur de peau, une intensité émotionnelle qui ne demande qu'à s'exprimer.

Mais cette expression, chez Hurr, ne prend pas la forme d'un flux continu et harmonieux. Elle se manifeste par intermittence, par des accès, des « *coups de colère* » qui surgissent tels des geysers, propulsant à la surface des torrents de mots, des réflexions fulgurantes, des cris du cœur, longtemps contenus.

Ces explosions verbales, bien que parfois déroutantes pour l'observateur extérieur, ne sont pas des manifestations de pure agressivité ou d'irritabilité. Elles sont plutôt l'expression d'un trop-plein émotionnel, une soupape de sécurité qui s'ouvre lorsque la pression intérieure devient trop forte. Elles sont le signe d'une lutte intérieure, d'une difficulté à trouver un équilibre entre le besoin de se protéger et le besoin de se révéler.

Ces moments d'éruption, paradoxalement, sont autant de fenêtres ouvertes sur le monde intérieur de Hurr. Ils offrent un aperçu privilégié sur la richesse et la complexité de sa pensée, sur les tourments et les aspirations qui l'habitent.

C'est dans ces instants de vérité brute, dépouillés des artifices du langage social, que sa véritable nature se dévoile. On y découvre un esprit vif et perspicace, capable d'analyses profondes et de réflexions originales, mais aussi un cœur blessé, en quête de compréhension et d'acceptation.

Cette dualité entre la timidité et l'éruption, entre le silence et le cri, témoigne d'une sensibilité exacerbée, d'une difficulté à exprimer ses sentiments de manière sereine et continue. C'est comme si deux forces opposées s'affrontaient en lui : une force centripète qui le pousse à se replier sur lui-même, à se protéger du monde extérieur, et une force centrifuge qui le pousse à s'exprimer, à partager ses pensées et ses émotions, à laisser une trace de son passage.

Cette tension, cette oscillation constante entre deux pôles, est au cœur de l'être de Hurr, et elle colore chacune de ses interactions avec le monde.

Une autre caractéristique de Hurr est son adhésion à une philosophie de l'instant présent. « *Vivre heureux, c'est vivre au jour le jour* ».

Cette conception révèle une profonde aspiration à la plénitude et à l'absence de projections angoissantes dans l'avenir.

Pourtant, cette quête de l'instant présent se heurte à une souffrance profonde : celle d'être mal compris.

Au cœur de cette intériorité complexe, entre le silence et le cri, vibre son aspiration profonde et sa quête obstinée, celle de l'instant présent.

Une philosophie qui, à première vue, pourrait sembler d'une simplicité désarmante. Pourtant, derrière cette apparente évidence se cache une profondeur insoupçonnée, une sagesse intuitive qui résonne avec les philosophies antiques et les sagesses orientales.

Il ne s'agit pas d'une simple fuite en avant, d'une négligence du passé ou d'une indifférence à l'égard de l'avenir. Il s'agit plutôt d'une tentative de se libérer du poids des regrets et des angoisses, de se délester des chaînes du temps pour embrasser pleinement la richesse de chaque instant.

Cette conception de l'existence, cette adhésion à l'immédiateté, révèle une aspiration profonde à la plénitude, une volonté de goûter à la saveur unique de chaque seconde, sans laisser les projections angoissantes dans l'avenir ou les remords du passé obscurcir la clarté du présent.

C'est une quête de l'authenticité, une tentative de se reconnecter à soi-même, au monde qui nous entoure, à la source vive de l'être. C'est une invitation à se laisser porter par le flux de la vie, à accueillir chaque expérience avec ouverture et confiance, sans chercher à contrôler ou à anticiper son déroulement.

Mais cette quête de l'instant présent, cette tentative de vivre en harmonie avec le flux du temps, se heurte à une réalité douloureuse, à une blessure profonde qui semble ronger l'âme de Hurr : *la souffrance de l'incompréhension.*

Malgré ses efforts pour se connecter au monde, pour partager ses pensées et ses émotions, il se heurte à un mur d'incompréhension, à un sentiment d'isolement qui le replie sur lui-même.

Cette incompréhension, exprimée à plusieurs reprises dans ses paroles, sonne comme un cri silencieux, une plainte étouffée. Elle est une source de grande frustration pour lui, un obstacle qui entrave sa quête de plénitude et d'authenticité.

C'est comme si le monde, incapable de saisir la subtilité de son être, le renvoyait à sa propre solitude, le condamnant à errer dans un territoire étranger, privé de la reconnaissance et de l'acceptation dont il a tant besoin.

Cette souffrance, cette blessure invisible, colore son rapport au monde et influence chacune de ses interactions, ajoutant une dimension tragique à sa quête de l'instant présent et tous les efforts qu'il consent.

Cette quête de l'instant présent, cette tentative de s'ancrer dans l'immédiateté, se manifeste également dans une aptitude déconcertante : « *une capacité d'adaptation phénoménale* ». Hurr semble posséder une plasticité intérieure, une malléabilité de l'être qui lui permet de se fondre dans des environnements radicalement différents avec une aisance presque surnaturelle. Il est capable de vivre avec le même naturel, la même sérénité apparente, dans des conditions diamétralement opposées, passant d'un mode de vie princier, baigné dans le luxe et le confort, à une existence plus précaire, dépouillée de tout superflu, avec une désinvolture qui laisse pantois.

Cette aptitude, cette faculté de se métamorphoser en fonction des circonstances, ne relève pas d'un simple opportunisme ou d'une recherche du confort matériel. Elle témoigne d'une grande flexibilité mentale, d'une capacité à s'accommoder des aléas de la vie, à accepter l'impermanence des choses. C'est comme s'il portait en lui un espace intérieur vaste et adaptable, capable d'accueillir les contrastes et les contradictions du monde extérieur. Il ne s'accroche pas aux apparences, aux conventions sociales, aux statuts ou aux possessions matérielles. Il semble avoir compris, intuitivement, que l'essentiel réside ailleurs, dans une forme de liberté intérieure, dans une capacité à être pleinement présent à chaque instant, quelles que soient les circonstances.

Pourtant, malgré cette capacité d'adaptation, malgré ses efforts conscients ou inconscients pour s'intégrer dans les normes sociales, pour se conformer aux attentes du monde extérieur, une force profonde, une sorte de courant souterrain, semble le ramener inéluctablement à son état naturel.

C'est comme si une boussole intérieure, invisible mais puissante, le guidait vers un territoire familier, vers une essence qu'il ne peut renier. L'adage « *Chasse le naturel, il revient au galop* » semble avoir été écrit pour lui.

Cette force qui le ramène à son naturel n'est pas une simple rébellion ou un refus de l'adaptation. Elle est l'expression d'une authenticité profonde, d'une fidélité à soi-même qui transcende les conventions et les apparences. C'est un rappel constant de son appartenance à un ordre plus vaste, à une harmonie cosmique qui dépasse les contingences sociales et matérielles. C'est le murmure incessant d'une voix intérieure qui lui rappelle qui il est vraiment, au-delà des masques et des rôles qu'il est parfois amené à jouer.

Cette capacité d'adaptation, cette flexibilité face aux aléas de l'existence, se heurte pourtant à un obstacle majeur, un défi existentiel qui semble le tirailler de l'intérieur : l'héritage familial. Le contraste entre la personnalité de Hurr et le terreau dont il est issu est saisissant, comme une dissonance harmonique dans une composition musicale.

Ses parents, figures ancrées dans le réel, animées d'un esprit rationnel et cartésien, semblent incarner une vision du monde diamétralement opposée à celle de leur fils.

Pour eux, le monde se déchiffre à travers la logique, l'analyse, la planification. L'existence se construit par projets, par étapes méthodiquement définies, et le travail acharné est érigé en valeur suprême, en unique voie vers le succès et l'épanouissement.

Cette vision, imprégnée d'un pragmatisme rigoureux, semble avoir façonné leur perception de la réalité, leur rapport au temps et à l'action.

Or, Hurr, lui, semble naviguer sur d'autres eaux, guidé par une boussole intérieure qui ignore les cartes et les itinéraires tracés par les générations précédentes. Il refuse d'organiser sa vie en se basant sur l'histoire et le vécu de ses parents et de leurs congénères, rejetant en bloc l'idée d'un héritage figé, d'un chemin tracé d'avance.

Pour lui, le passé n'est pas un modèle à reproduire, mais une matière à interroger, un point de départ pour une exploration personnelle, une quête de sens qui lui est propre. Il revendique avec force la nécessité de partir des faits présents, de s'ancrer dans l'ici et maintenant, et d'avancer, pas après pas, en suivant son propre rythme, sa propre intuition.

Cette volonté d'affirmation, cette soif d'indépendance intellectuelle et existentielle, se manifeste avec une clarté saisissante dans ses propres paroles : « *C'est moi-même qui "me" dit ! Personne d'autre. Pourquoi est-ce que je devrais me baser sur les livres pour gérer ma vie ?* ». Cette question, lancée comme un défi, évoque un manifeste pour une pensée libre, une invitation à se libérer des dogmes et des conventions. Elle exprime un désir profond de s'approprier son propre destin, de construire son identité en dehors des cadres préétablis.

Cette même volonté se retrouve dans son refus de se conformer aux attentes sociales et financières, exprimé avec une sincérité désarmante : « *Je m'excuse d'être incompatible avec vous, mais je ne mérite pas d'être considéré comme tout le monde et du même cercle par discrimination sociale ou financière* ». Cette phrase, à la fois humble et revendicatrice, témoigne d'une conscience aiguë de sa singularité, d'une conviction profonde qu'il ne saurait se réduire à une simple catégorie sociale ou à une étiquette financière. Elle est l'affirmation d'un droit à la différence, d'une volonté de vivre en accord avec ses propres valeurs, même si cela implique de se tenir à l'écart des sentiers battus.

Cette tension entre l'héritage familial et la volonté d'affirmation, cette lutte pour exister pleinement en dehors des cadres préétablis, trouve son expression la plus poignante dans un véritable cri du cœur, une clameur silencieuse qui résonne au plus profond de l'être de Hurr.

Au-delà de ses contradictions apparentes, de ses difficultés à exprimer ses pensées et ses émotions de manière fluide et cohérente, ses paroles révèlent un besoin viscéral d'être entendu, d'être compris dans sa singularité. « *C'est quand la dernière fois que tu m'as demandé ce que je pensais vraiment de quelque chose ou vraiment comment je me sens par rapport à certaines choses ! ou vraiment mon opinion, mon point de vue ! moi je n'ai personne qui se souci de ça. Vous me parlez comme un raté et ça me fait mal ! je veux juste être comme vous !!!* », s'exclame-t-il face à son père, laissant échapper une plainte douloureuse, un appel à l'aide désespéré.

Ces mots, bruts et sincères, témoignent d'une blessure profonde, d'un sentiment d'isolement et d'incompréhension qui le ronge de l'intérieur. Ils révèlent un désir ardent de connexion, un besoin fondamental d'être reconnu et accepté tel qu'il est, avec ses forces et ses faiblesses, ses contradictions et ses paradoxes.

Ce n'est pas une simple revendication d'attention, mais une quête d'une authentique rencontre, d'un dialogue véritable où son être profond puisse enfin se dévoiler sans crainte d'être jugé ou rejeté.

Pourtant, au milieu de cette souffrance, au cœur même de ce cri du cœur, une source d'amour profond et inconditionnel continue de jaillir, comme une flamme vacillante mais inextinguible.

Cet amour, exprimé avec une pudeur touchante, une délicatesse infinie, transparaît dans des paroles simples mais chargées d'émotion : « *T'es beau gosse papa* », « *C'est grâce à vous que je suis beau* ».

Ces compliments, offerts avec une sincérité désarmante, témoignent d'une admiration profonde, d'une reconnaissance filiale qui transcende les conflits et les incompréhensions. Ils sont comme des éclats de lumière dans l'obscurité de sa souffrance, des rappels constants du lien indéfectible qui l'unit à ses parents.

Cet amour se manifeste également dans des déclarations plus directes, plus intimes : « *Je t'aime, papa, du plus profond de mon cœur avec le seul et unique slogan mix " tu es mon champion ; rappelles toi ta promesse "* », une formule touchante qui mêle l'affection filiale à une forme d'admiration et d'encouragement, comme un souhait de voir son père s'épanouir et réaliser son plein potentiel.

Il s'exprime encore dans un désir de partage, de réciprocité : « *On pourrai donner plus, toi et moi, que ce qu'on se prend ... matériellement ou moralement* », une invitation à une relation plus équilibrée, plus généreuse, fondée sur le don et le partage, sur la compréhension mutuelle et le soutien inconditionnel.

Et enfin, il culmine dans un appel poignant à la joie et à l'amour : « *Arrête papa stp, il est temps de vivre et d'aimer* », une supplique frémissante qui vibre comme un écho à sa propre quête de l'instant présent, comme un désir de voir son père se libérer des regrets et des angoisses pour embrasser pleinement la vie.

Ces paroles, empreintes d'une sincérité désarmante, d'une vulnérabilité touchante, témoignent d'une complexité émotionnelle et d'une richesse intérieure qui ne demandent qu'à être explorées. Elles révèlent un être profondément humain, tiraillé entre des forces contradictoires, entre le besoin d'être soi-même et le désir d'être aimé et accepté, mais animé par un amour inébranlable et une soif inextinguible de sens et de connexion. Ces sentiments nous invitent à regarder au-delà des apparences, à écouter attentivement les cris du cœur qui se cachent derrière les mots, et à reconnaître la beauté et la complexité de chaque être humain.

Ainsi, le portrait de Hurr se dessine sous nos yeux, complexe et attachant. Il est un être tiraillé entre des forces contraires : l'héritage familial, ancré dans la rationalité et le pragmatisme, et sa propre soif d'indépendance, sa quête d'un sens qui lui soit propre.

Ses cris du cœur, poignants et sincères, résonnent comme un appel à la compréhension, un besoin d'être vu et entendu dans sa singularité.

Mais au-delà de la souffrance et des difficultés d'expression, une source d'amour profond et inconditionnel irradie de son être, un amour qui transcende les conflits et les incompréhensions. Cet amour, à la fois filial et universel, est une force vive, un témoignage de son humanité et un moteur pour son cheminement personnel.

Son histoire, tissée de contradictions et d'aspirations profondes, nous invite à une réflexion plus large sur la condition humaine, sur la difficulté d'être soi-même, sur la complexité des liens familiaux et sur la puissance rédemptrice de l'amour.

L'histoire de Hurr, avec ses tensions et ses contradictions, n'est pas un cas isolé. Elle résonne avec des problématiques profondes et universelles, que la psychologie et la sociologie s'efforcent d'éclairer.

Son rapport conflictuel à l'héritage familial, par exemple, peut être analysé à travers le prisme de la théorie de la transmission transgénérationnelle, qui explore comment les traumatismes et les schémas familiaux se transmettent d'une génération à l'autre.

Son besoin d'affirmation de soi, quant à lui, peut être interprété à la lumière des théories de l'identité et de la construction de soi, qui examinent les processus par lesquels les individus se définissent et se différencient des autres.

Enfin, ses cris du cœur et son besoin d'être compris peuvent être mis en perspective avec les concepts de l'attachement et des besoins fondamentaux de l'être humain, qui soulignent l'importance des relations interpersonnelles pour le bien-être psychologique.

Dans les pages qui suivent, nous explorerons ces différentes théories et modèles, afin de mieux comprendre les dynamiques à l'œuvre dans l'histoire de Hurr et d'en tirer des enseignements plus généraux sur la nature humaine et les relations sociales.

Chapitre 3 : L'Écho des Ancêtres ou la Transmission Transgénérationnelle

L'histoire de Hurr, avec ses tensions palpables entre l'héritage familial, tel un poids parfois difficile à porter, et son désir ardent d'émancipation, cette soif de liberté et d'authenticité, nous ouvre une fenêtre sur un phénomène complexe et profondément humain : *la transmission transgénérationnelle*.

Ce concept, exploré avec minutie par la psychologie, la psycho généalogie, et même certaines formes de thérapies familiales, postule que les traumatismes, les secrets enfouis, les non-dits pesants, les schémas familiaux répétitifs, les deuils non faits et les loyautés invisibles peuvent se transmettre, tel un héritage invisible, d'une génération à l'autre, influençant insidieusement, parfois même de manière déterminante, les comportements, les émotions, les relations, les choix de vie et le développement psychologique des descendants.

Imaginez un arbre majestueux, un chêne centenaire par exemple, dont les racines puissantes plongent profondément dans les entrailles de la terre, reliant les générations passées, celles qui l'ont vu grandir et prospérer, aux générations présentes, qui profitent de son ombre et de sa force, et aux générations futures, qui hériteront de sa présence et de son histoire. Chaque anneau du tronc, témoin silencieux des saisons qui passent, témoigne d'une année vécue, d'une expérience inscrite dans la mémoire de l'arbre, des tempêtes essuyées, des sécheresses surmontées, des blessures cicatrisées.

De même, chaque génération d'une famille, tel un anneau dans le tronc de cet arbre métaphorique, porte en elle les traces indélébiles des générations précédentes.

Ces traces ne sont pas seulement des souvenirs conscients, des anecdotes familiales transmises de bouche à oreille, mais aussi des empreintes émotionnelles, des croyances profondes, des schémas comportementaux, des traumatismes parfois tus, des peines jamais vraiment exprimées, des réussites et des échecs qui ont façonné l'histoire familiale. Ces traces, parfois conscientes, souvent inconscientes, se transmettent à travers des mécanismes complexes et subtils, tels que l'identification, la répétition, le refoulement, mais aussi par des transmissions plus implicites comme les attitudes, les valeurs véhiculées au sein de la famille, le langage utilisé, les mythes familiaux.

L'identification, par exemple, se manifeste lorsque nous adoptons, souvent sans même nous en rendre compte, les comportements, les croyances, les valeurs, les émotions ou les attitudes de nos ancêtres. C'est un processus d'intériorisation inconsciente, où nous incorporons des aspects de l'autre, de nos parents, de nos grands-parents, comme s'ils faisaient partie intégrante de nous-mêmes.

Par exemple, un enfant qui grandit dans une famille où le travail acharné est érigé en valeur suprême, où l'on valorise le sacrifice et l'abnégation, peut intérioriser cette croyance et la reproduire dans sa propre vie, même si cela ne correspond pas à ses aspirations profondes, même si cela le conduit à l'épuisement ou au sacrifice de son bien-être.

On peut aisément faire un parallèle avec Hurr et l'insistance de ses parents sur le travail acharné comme unique voie vers le succès, comme si seule la réussite matérielle pouvait justifier une existence. On peut se demander si cette injonction parentale n'est pas elle-même l'écho d'une histoire familiale où la survie, la sécurité matérielle, la reconnaissance sociale dépendait d'un labeur constant, d'une lutte acharnée pour subvenir aux besoins de la famille.

La répétition, quant à elle, se traduit par la reproduction inconsciente de schémas familiaux, souvent douloureux, voire destructeurs. Un individu peut, par exemple, reproduire des schémas relationnels toxiques vécus par ses parents, des schémas de violence, d'abandon, de dépendance affective, sans même en avoir conscience, comme s'il était prisonnier d'un scénario familial dont il ne parvient pas à se libérer. Chez Hurr, on peut observer une forme de répétition dans sa difficulté à exprimer ses émotions et à se faire entendre, comme si sa voix était étouffée par un héritage familial de silence et de non-dits. On peut se demander si cette difficulté ne trouve pas son origine dans une histoire familiale marquée par le silence, le non-dit, la honte, la culpabilité, l'invalidation des émotions, où l'expression des sentiments était perçue comme une faiblesse ou une transgression.

Le refoulement, enfin, consiste à enfouir profondément, dans les tréfonds de l'inconscient, des émotions, des souvenirs, des expériences, des traumatismes trop douloureux, trop angoissants, trop difficiles à intégrer pour être consciemment vécus. Ces éléments refoulés ne disparaissent pas pour autant ; ils continuent d'agir en coulisses, influençant, insidieusement, les comportements, les émotions, les pensées et les choix de l'individu, comme une blessure invisible qui continue de saigner. Dans le cas de Hurr, son sentiment d'inadéquation, son impression de ne pas être à sa place, son besoin constant d'être reconnu et validé par les autres, pourraient être liés à des expériences refoulées, des blessures émotionnelles non cicatrisées, des traumatismes vécus par ses ancêtres et transmis à travers les générations, créant un sentiment diffus de malaise et d'incompréhension.

Il est important de souligner que la transmission transgénérationnelle ne se limite pas aux traumatismes et aux aspects négatifs. Elle concerne également les forces, les talents, les ressources, les valeurs positives, les capacités de résilience et les stratégies d'adaptation qui se transmettent d'une génération à l'autre, tel un héritage précieux. Chez Hurr, on peut observer une grande sensibilité, une intelligence vive, une soif d'authenticité, une capacité à ressentir les choses profondément. Ces qualités, ces forces intérieures, pourraient également être considérées comme un héritage transgénérationnel, une force transmise par ses ancêtres, une capacité à ressentir le monde avec une intensité particulière.

En comprenant les mécanismes complexes de la transmission transgénérationnelle, nous pouvons mieux comprendre les dynamiques familiales, les difficultés récurrentes que peuvent rencontrer les individus, les schémas qui se répètent et les impasses relationnelles. L'histoire de Hurr, à travers ce prisme, prend une nouvelle dimension, une profondeur insoupçonnée. Son cri du cœur, son besoin d'être entendu et compris, résonnent alors comme l'écho d'une histoire plus vaste, une histoire qui le dépasse, une histoire familiale qui le relie à ses ancêtres, à leurs joies, à leurs peines, à leurs espoirs et à leurs souffrances. Cette compréhension peut être une première étape essentielle vers une libération, une prise de conscience salutaire qui permet de se défaire des schémas hérités, de comprendre leurs origines et leurs mécanismes, et de tracer son propre chemin, en accord avec ses aspirations profondes, en se libérant du poids du passé pour construire un avenir plus serein et plus authentique.

Chapitre 4 : La Quête de Soi : Identité et Construction Personnelle

Après avoir exploré l'influence des transmissions transgénérationnelles, ces échos parfois silencieux qui résonnent à travers les générations et façonnent inconsciemment nos existences, il devient crucial de nous pencher sur un autre aspect fondamental de l'expérience humaine : les théories de l'identité et de la construction de soi.

Ces théories, puisant leurs sources dans les profondeurs de la psychologie, les vastes étendues de la sociologie et les questionnements intemporels de la philosophie, nous offrent des clés de compréhension précieuses pour déchiffrer la manière dont chaque individu se définit, se différencie des autres et forge son propre chemin dans le labyrinthe complexe de l'existence.

L'identité, loin d'être une entité statique, une essence immuable inscrite une fois pour toutes dans le marbre de notre être, se révèle être un processus dynamique, une construction permanente qui se déploie et se transforme tout au long de la vie. Elle n'est pas un simple héritage, une donnée figée transmise par nos gènes ou notre milieu social. Elle est une œuvre en constante élaboration, un récit que nous tissons jour après jour, à travers nos expériences, nos rencontres, nos choix et nos renoncements.

Imaginez un fleuve impétueux, dont le cours sinueux est façonné par les reliefs qu'il traverse. De même, notre identité se construit dans un mouvement perpétuel, influencée par les courants de notre histoire personnelle, les affluents des relations sociales et les méandres des événements qui jalonnent notre existence. Elle est à la fois le produit de notre passé, l'expression de notre présent et le projet de notre avenir. Elle est un équilibre fragile entre la continuité et le changement, entre l'héritage et l'innovation, entre l'enracinement et l'ouverture au monde.

Cette construction identitaire n'est pas un processus solitaire, un monologue intérieur. Elle se déroule dans un dialogue constant avec le monde extérieur, avec les autres, avec la société dans laquelle nous évoluons.

Nos interactions avec autrui, les regards qu'ils posent sur nous, les attentes qu'ils projettent sur nous, contribuent à façonner notre perception de nous-mêmes et à définir notre place dans le monde. L'identité est donc intrinsèquement relationnelle, elle se construit dans l'inter-subjectivité, dans l'échange et la confrontation avec l'altérité.

Cette conception dynamique et relationnelle de l'identité nous invite à considérer l'histoire de Hurr sous un nouveau jour. Son rapport conflictuel à l'héritage familial, son besoin d'affirmer sa propre voie, son sentiment d'incompatibilité avec son entourage, autant d'éléments qui témoignent d'une quête identitaire intense, d'une recherche d'un équilibre entre son individualité et son appartenance au monde.

En explorant les théories de l'identité et de la construction de soi, nous pourrons mieux comprendre les enjeux auxquels il est confronté et les défis qu'il doit relever pour construire une identité authentique et épanouissante.

Plusieurs penseurs ont contribué à l'édification de ces théories, chacun apportant une pierre angulaire à la compréhension de ce processus complexe. Parmi eux, Erik Erikson occupe une place de choix. Avec sa théorie du développement psychosocial, il a mis en lumière les différentes crises identitaires qui jalonnent l'existence humaine, scandant notre parcours de vie comme autant d'étapes cruciales dans la construction de notre identité. Pour Erikson, la vie n'est pas un continuum linéaire et uniforme, mais une succession de stades, chacun marqué par un conflit psychosocial spécifique.

De la confiance fondamentale à la méfiance totale, de l'autonomie à la honte et au doute, de l'initiative à la culpabilité, et ainsi de suite jusqu'à l'intégrité du moi face au désespoir. Chaque étape représente un défi, une épreuve à surmonter pour progresser vers une identité plus stable et plus cohérente.

L'adolescence, en particulier, occupe une place centrale dans la théorie d'Erikson. C'est durant cette période de transition, de métamorphose intérieure et extérieure, que se pose avec une acuité particulière la question : « *Qui suis-je ?* ». L'adolescent est confronté à une multitude de choix, d'influences, d'attentes, et doit naviguer entre les injonctions du passé et les aspirations de l'avenir pour forger une identité qui lui soit propre.

Cette crise identitaire, loin d'être un simple moment de turbulence passagère, est une étape nécessaire, un passage obligé pour accéder à l'âge adulte et à une identité mature. La résolution positive de cette crise permet à l'individu d'acquérir un sentiment d'unité et de cohérence, une conscience claire de sa place dans le monde.

À l'inverse, une résolution négative peut entraîner une confusion des rôles, une perte de repères et une difficulté à s'engager dans la vie adulte. On peut ici se demander comment cette théorie résonne avec le parcours de Hurr, dont le refus de l'héritage familial et la quête d'autonomie peuvent être interprétés comme une manifestation de cette crise identitaire adolescente, même si elle semble se prolonger au-delà de l'âge conventionnel.

Dans le prolongement des travaux d'Erikson, James Marcia a affiné la compréhension de la crise identitaire en identifiant quatre statuts identitaires distincts, qui décrivent les différentes manières dont les individus gèrent cette période cruciale.

La diffusion identitaire se caractérise par une absence d'exploration et d'engagement. L'individu n'a pas encore exploré les différentes possibilités qui s'offrent à lui et ne s'est pas engagé dans une voie précise.

Le foreclosure, ou arrêt prématuré de la recherche identitaire, se manifeste par un engagement sans exploration préalable, souvent par conformité aux attentes familiales ou sociales. L'individu adopte les valeurs et les choix de son entourage sans les avoir remis en question.

Le moratoire, quant à lui, est une période d'exploration active, durant laquelle l'individu expérimente différentes identités, différents rôles, sans encore s'engager de manière définitive.

Enfin, ***l'achievement***, ou atteinte d'une identité stable et cohérente, survient après une période d'exploration et se caractérise par un engagement ferme envers des valeurs, des croyances et des objectifs personnels.

Chez Hurr, on peut observer des éléments qui évoquent le moratoire. Son passage d'un extrême à l'autre, son refus des conventions, sa quête d'authenticité, autant d'indices qui suggèrent qu'il est encore en recherche de son identité, en quête d'un équilibre entre ses aspirations profondes et les contraintes du monde extérieur.

Si la psychologie, par une exploration minutieuse des processus intrapsychiques, des mécanismes internes qui régissent notre psyché, nous offre un éclairage précieux sur les fondements de notre identité, elle ne saurait à elle seule embrasser toute la complexité de cette construction. Car l'être humain, loin d'être une monade isolée, un sujet pensant enfermé dans sa propre subjectivité, est avant tout un être social, intrinsèquement lié aux autres, tissé dans la trame complexe des relations interpersonnelles.

C'est la sociologie, avec son regard attentif sur les dynamiques sociales, les interactions entre les individus et les structures collectives, qui nous éclaire sur l'importance cruciale des interactions sociales et des appartenances groupales dans la formation de notre identité. Elle nous rappelle que nous ne sommes pas des îles, mais des archipels, des ensembles d'individus reliés par des liens invisibles, des courants d'échange et d'influence.

La sociologie, par son regard spécifique sur l'humain en société, nous invite à une compréhension profonde de l'identité, non pas comme une essence immuable, une donnée innée inscrite dans nos gènes ou notre âme, mais comme une construction sociale, un processus dynamique et perpétuel qui se déploie dans l'interaction constante entre l'individu et son environnement social. Loin d'être une monade isolée, l'individu est un être social par essence, dont l'identité se forge au contact des autres, dans le miroir de leurs regards, à travers les rôles qu'il assume et les statuts qu'il occupe au sein des différents groupes auxquels il appartient.

Cette perspective sociologique met en lumière le caractère fondamentalement relationnel de l'identité. Nous ne nous construisons pas seuls, en vase clos, mais dans un dialogue incessant avec le monde extérieur, avec les autres, avec la société dans laquelle nous évoluons. Notre identité se tisse dans la trame complexe des interactions sociales, des échanges symboliques, des jeux d'influence et de reconnaissance. Elle est le fruit d'une négociation permanente entre nos aspirations personnelles, nos désirs profonds, les contraintes du monde extérieur, les normes sociales et les attentes des autres.

Imaginez une toile d'araignée, délicate et complexe. Chaque fil représente une interaction sociale, un lien avec un autre individu, un groupe, une institution. L'ensemble de ces fils, leurs croisements, leurs tensions, leurs points de rupture et de renforcement, dessinent la forme globale de la toile, qui représente l'identité. Chaque interaction, chaque appartenance, chaque rôle joué, vient tisser un nouveau fil, modifier la structure de l'ensemble, enrichir ou complexifier l'identité.

La famille, premier cercle social dans lequel nous évoluons, joue un rôle primordial dans la construction de notre identité. Elle nous transmet des valeurs, des traditions, une histoire familiale qui nous ancrent dans un héritage et contribuent à façonner notre vision du monde. Le groupe d'amis, quant à lui, offre un espace d'expérimentation sociale, où nous pouvons tester différents rôles, affirmer notre individualité, nous comparer aux autres et construire notre estime de soi. La communauté, qu'elle soit géographique, religieuse, culturelle ou professionnelle, nous relie à un ensemble de valeurs partagées, de normes et de pratiques qui contribuent à définir notre appartenance et notre identité collective. La nation, enfin, nous inscrit dans une histoire commune, un territoire, une culture, et contribue à forger notre sentiment d'appartenance à un ensemble plus vaste.

Ces différents cercles concentriques, de la famille à la nation, constituent autant de contextes sociaux qui influencent la construction de notre identité. Ils nous fournissent un cadre de référence, un ensemble de normes, de valeurs, de symboles et de représentations qui contribuent à définir qui nous sommes, comment nous devons nous comporter, quelles sont nos places et nos rôles dans la société. Ils nous offrent également un sentiment d'appartenance, un lien social qui nous relie aux autres, nous procure un sentiment de sécurité, de reconnaissance et de continuité, éléments essentiels à notre équilibre psychologique et à notre bien-être.

Du point de vue social, la construction de l'identité est donc un processus profondément relationnel, qui se déroule dans l'interaction constante avec les autres, au sein des différents groupes auxquels nous appartenons. Elle est influencée par les normes, les valeurs, les attentes et les représentations sociales qui circulent dans notre environnement. Elle implique des mécanismes complexes d'identification, par lesquels nous nous approprions les caractéristiques des groupes auxquels nous nous identifions ; de comparaison sociale, qui nous amène à nous situer par rapport aux autres ; d'inclusion et d'exclusion, qui définissent nos appartenances et nos frontières sociales. Tous ces mécanismes contribuent à façonner notre perception de nous-mêmes, notre place dans le monde et notre identité en tant qu'être social.

Ces appartenances nous fournissent un langage commun, un ensemble de codes et de symboles qui nous permettent de communiquer et d'interagir avec les autres membres du groupe.

La parole de Hurr, et plus précisément son affirmation : « *Je m'excuse d'être incompatible avec vous mais je ne mérite pas d'être considéré comme tout le monde et du même cercle par discrimination sociale ou financière* », résonne avec une force saisissante à la lumière des théories de l'identité sociale et de l'auto-catégorisation. Ces mots, bien plus qu'une simple plainte individuelle, ouvrent une fenêtre sur un vécu complexe, une lutte intérieure et sociale pour la reconnaissance d'une identité authentique. Ils ne se limitent pas à l'expression d'un malaise personnel, mais constituent une véritable critique des mécanismes d'inclusion et d'exclusion qui structurent nos sociétés.

Il y a, dans cette phrase, une tension palpable entre l'humilité et la revendication. L'emploi du verbe « *m'excuse* » traduit une conscience aiguë de son décalage, un sentiment de ne pas correspondre aux normes et aux attentes de son entourage. On perçoit presque une culpabilité, comme si Hurr se sentait responsable de cette incompatibilité. Pourtant, cette excuse est immédiatement contrebalancée par une affirmation forte : « *je ne mérite pas d'être considéré comme tout le monde et du même cercle* ». Cette seconde partie de la phrase est une revendication d'une individualité irréductible, un refus catégorique d'être assimilé à une masse indistincte, d'être enfermé dans un moule préfabriqué.

Ce refus prend une dimension encore plus profonde lorsqu'il évoque la « *discrimination sociale ou financière* ». Hurr pointe du doigt les mécanismes concrets qui opèrent dans nos sociétés pour catégoriser et hiérarchiser les individus. Il dénonce l'injustice d'un système qui tend à réduire les personnes à leur origine sociale, leur statut économique, leur apparence, ou encore à leur conformité à des normes implicites. Il refuse d'être jugé sur des critères extérieurs, sur des étiquettes qui ne reflètent en rien la complexité de son être. Son propos n'est pas une simple jalousie ou une revendication matérielle ; il s'agit d'une protestation contre une forme d'invisibilisation, une négation de son individualité au profit d'une appartenance à un cercle social dont il se sent exclu, non par choix, mais par un système discriminant.

Cette phrase, véritable cri du cœur, témoigne d'une conscience aiguë des dynamiques sociales à l'œuvre. Hurr ne se contente pas de subir son incompatibilité ; il l'analyse, il la comprend, il en dénonce les causes. Il ne s'agit pas seulement d'un sentiment subjectif, mais d'une observation lucide des mécanismes d'exclusion qui opèrent dans son environnement. Il comprend que son sentiment d'incompatibilité n'est pas une simple bizarrerie personnelle, mais le résultat d'une tension entre son aspiration à une identité authentique et les contraintes imposées par les structures sociales.

Ce faisant, Hurr revendique bien plus qu'une simple reconnaissance individuelle. Il aspire à une identité plurielle, fluide et contextuelle, une identité qui transcende les catégories rigides et les assignations identitaires. Il refuse d'être enfermé dans une case, d'être réduit à une seule dimension de son être. Il aspire à une reconnaissance de sa complexité, de sa singularité, de son droit à être pleinement lui-même, au-delà des apparences et des conventions. Il ne cherche pas à s'intégrer à tout prix, mais à être reconnu pour ce qu'il est, avec ses différences et ses particularités. Cette quête d'authenticité est une recherche d'un équilibre entre son besoin d'appartenance et son impératif d'individuation, un équilibre fragile mais essentiel à son épanouissement.

En somme, l'affirmation de Hurr est un appel vibrant à la reconnaissance de la diversité humaine, un plaidoyer pour une société plus inclusive, où chacun puisse trouver sa place, non pas en se conformant à des normes extérieures, mais en affirmant son identité propre, authentique et singulière. Elle nous invite à réfléchir sur les mécanismes subtils qui régissent nos interactions sociales et sur la nécessité de dépasser les catégorisations réductrices pour appréhender la richesse et la complexité de chaque être humain.

En considérant l'histoire de Hurr à travers le prisme de la sociologie, nous comprenons mieux l'importance des interactions sociales et des appartenances groupales dans la construction de l'identité. Nous saisissons également les enjeux liés à la reconnaissance sociale, à l'acceptation de la différence et à la lutte contre les formes de discrimination. Cette perspective nous invite à ne pas réduire l'identité à une simple affaire individuelle, mais à la considérer comme un phénomène social, un dialogue constant entre l'individu et son environnement.

La psychologie, avec son exploration des méandres de l'intériorité, nous offre un premier éclairage sur la construction de l'identité. Elle sonde les profondeurs de l'individu, ses motivations, ses conflits internes, ses processus cognitifs. Mais l'être humain n'est pas une île, un atome isolé dans le vide. Il est « *un être fondamentalement social, un être-au-monde* », selon l'expression de Heidegger, inextricablement lié à son environnement, aux autres, au tissu complexe des relations interpersonnelles. C'est là que la sociologie apporte une contribution essentielle, en nous rappelant que nous ne nous construisons pas en vase clos, dans une solitude absolue, mais dans un dialogue constant, souvent silencieux, parfois tumultueux, avec notre environnement social.

Les normes et les valeurs qui régissent nos sociétés, qu'elles soient explicites ou implicites, conscientes ou inconscientes, exercent une influence considérable sur la construction de notre identité. Elles nous indiquent les comportements attendus, les rôles que nous devons tenir, les valeurs que nous devons adopter pour être considérés comme membres à part entière de la société. Ces normes et ces valeurs peuvent être une source d'intégration et de cohésion sociale, mais elles peuvent également être une source de conflit et d'exclusion pour ceux qui ne s'y conforment pas.

Dans le cas de Hurr, son sentiment d'incompatibilité avec son entourage, son besoin d'être considéré différemment, résonnent particulièrement avec cette perspective sociologique. Son refus de se conformer aux attentes familiales, aux normes de son milieu social, peut être interprété comme une tentative de se soustraire à une identité sociale qui ne lui convient pas, une identité qui lui est imposée de l'extérieur plutôt que construite de l'intérieur. On peut se demander si Hurr ne cherche pas, consciemment ou inconsciemment, à intégrer d'autres groupes, à se construire une nouvelle identité sociale qui reflète davantage ses aspirations profondes.

Son cri du cœur, son besoin d'être entendu et compris, témoignent d'une quête de reconnaissance, d'une aspiration à être accepté tel qu'il est, au-delà des étiquettes et des classifications sociales.

La sociologie nous rappelle ainsi que la construction de l'identité est un processus complexe, qui se déroule à l'intersection de l'individuel et du social. Elle nous invite à considérer l'histoire de Hurr non pas comme un cas isolé, mais comme un exemple révélateur des tensions et des défis auxquels sont confrontés de nombreux individus dans leur quête d'identité. Elle nous encourage à porter un regard plus attentif sur les dynamiques sociales, les normes culturelles et les mécanismes d'inclusion et d'exclusion, afin de mieux comprendre les enjeux de la construction identitaire et de favoriser l'épanouissement de chacun.

L'identité, du point de vue sociologique, est donc une construction sociale, un produit des interactions entre l'individu et son environnement. Elle se forge à travers nos relations avec les autres, nos appartenances à des groupes (famille, amis, communauté, nation, etc.), les rôles que nous y jouons et les statuts que nous y occupons.

Imaginez une mosaïque complexe : chaque tesselle représente un aspect de notre identité, et c'est l'agencement de ces tesselles, leur interaction et leur positionnement les unes par rapport aux autres, qui donnent forme à l'ensemble. Ces tesselles sont fournies par nos expériences sociales, nos interactions, nos appartenances. La famille, par exemple, nous transmet des valeurs, des traditions, une histoire commune qui contribuent à façonner notre identité. Le groupe d'amis nous offre un espace d'expérimentation sociale, où nous pouvons tester différents rôles et affirmer notre individualité. La communauté, quant à elle, nous relie à un territoire, à une culture, à un ensemble de pratiques partagées.

Chez Hurr, cette dimension sociale de l'identité est particulièrement prégnante. Son sentiment d'incompatibilité, son besoin d'être considéré différemment, témoignent d'une rupture, d'une difficulté à s'intégrer dans les cadres sociaux existants. Son refus des attentes familiales, son aspiration à une vie différente, peuvent être interprétés comme une tentative de redéfinir son identité sociale, de se construire un nouveau cadre de référence, de nouvelles appartenances.

En comprenant l'importance des interactions sociales et des appartenances groupales dans la construction de l'identité, nous pouvons mieux saisir les enjeux du parcours de Hurr. Sa quête d'identité est aussi une quête de reconnaissance sociale, une recherche d'une place dans le monde qui lui permette d'être pleinement lui-même, au-delà des normes et des conventions.

Parmi les théoriciens qui ont profondément marqué le champ de la sociologie de l'identité, Henri Tajfel et John Turner occupent une place centrale, leurs travaux ayant ouvert des perspectives nouvelles sur la compréhension des dynamiques identitaires au sein des groupes sociaux. Tajfel, avec sa théorie de l'identité sociale, a mis en évidence le rôle fondamental de la catégorisation sociale dans la construction de l'identité. Il a démontré que nous avons une tendance innée à catégoriser le monde social, à classer les individus en différents groupes, en fonction de critères variés tels que l'âge, le sexe, l'origine ethnique, la profession, les opinions politiques, etc. Cette catégorisation, loin d'être un simple exercice intellectuel, a des conséquences profondes sur nos perceptions, nos attitudes et nos comportements. Elle influence la manière dont nous nous percevons nous-mêmes, dont nous percevons les autres et dont nous interagissons avec eux.

Ce processus de catégorisation sociale repose sur trois mécanismes psychologiques interdépendants : ***« la catégorisation, l'identification et la comparaison sociale »***.

La catégorisation, comme nous l'avons dit, consiste à classer les individus en groupes. L'identification se produit lorsque nous nous reconnaissons comme membres d'un groupe et que nous adoptons les normes et les valeurs de ce groupe. La comparaison sociale, enfin, nous amène à comparer notre groupe à d'autres groupes, afin d'évaluer sa valeur et son prestige. Cette comparaison est souvent biaisée en faveur de notre propre groupe (***l'endogroupe***), ce qui peut conduire à des phénomènes de discrimination et de préjugés envers les autres groupes (***les exogroupes***).

Cette tendance à la catégorisation sociale, bien qu'universelle, peut avoir des conséquences importantes sur le parcours identitaire des individus, en particulier pour ceux qui, comme Hurr, ne se reconnaissent pas pleinement dans les catégories existantes. Son sentiment d'incompatibilité, son besoin d'être considéré différemment, peuvent être interprétés comme une difficulté à s'intégrer dans les catégories sociales proposées par son environnement.

John Turner, en collaboration avec Tajfel, a développé la théorie de l'auto-catégorisation, qui affine la compréhension de l'identité sociale en soulignant sa nature contextuelle et flexible. Selon Turner, nous ne nous identifions pas toujours aux mêmes groupes, mais notre identité varie en fonction du contexte social et des enjeux de la situation. Dans certains cas, notre identité personnelle, nos caractéristiques individuelles, seront au premier plan, tandis que dans d'autres situations, notre identité sociale, notre appartenance à un groupe, prendra le dessus. Cette flexibilité identitaire nous permet de nous adapter aux différentes situations sociales et d'interagir efficacement avec les autres.

En comprenant les mécanismes de la catégorisation sociale et de l'auto-catégorisation, nous pouvons mieux saisir les enjeux auxquels Hurr est confronté dans sa quête identitaire.

Au cœur de la sociologie de l'identité, les travaux d'Henri Tajfel et de John Turner résonnent avec une acuité particulière, éclairant les mécanismes subtils qui régissent nos appartenances groupales et leur influence profonde sur notre construction identitaire. Nous ne percevons pas le monde social comme une masse indistincte d'individus, mais comme un ensemble structuré de groupes, auxquels nous nous lions ou dont nous nous distinguons. Cette catégorisation, souvent inconsciente et automatique, nous amène à classer les individus en fonction de critères variés : l'âge, le genre, l'origine sociale, les convictions politiques, les intérêts communs, et bien d'autres encore.

Cette appartenance à un groupe social devient alors une partie intégrante de notre identité, un élément constitutif de notre sentiment de soi. Nous ne sommes pas seulement des individus isolés, mais aussi des membres de groupes, et ces appartenances façonnent notre perception du monde, nos valeurs, nos attitudes et nos comportements. Plus encore, nous cherchons activement à maintenir une image positive de ces groupes, car cette image positive rejaillit sur notre propre estime de soi. Nous tirons une fierté de nos appartenances, et nous nous efforçons de les valoriser, parfois même au détriment des autres groupes, ce qui peut conduire à des phénomènes de compétition, de préjugés et de discrimination.

Ce besoin de valoriser son groupe d'appartenance peut expliquer certaines des difficultés rencontrées par Hurr. Son sentiment d'incompatibilité avec son entourage peut être interprété comme un rejet des catégories sociales auxquelles il est assigné, une volonté de ne pas se conformer à l'image que les autres projettent sur lui.

L'auto-catégorisation repose sur l'idée que le concept de soi n'est pas statique, mais qu'il varie sur un continuum allant de l'identité personnelle à l'identité sociale. À un pôle, nous nous percevons comme des individus uniques, dotés de caractéristiques propres qui nous distinguent des autres. À l'autre pôle, nous nous percevons comme des membres interchangeables d'un groupe, partageant des caractéristiques communes avec les autres membres de ce groupe. Le passage d'un pôle à l'autre, d'une identité personnelle à une identité sociale, dépend du contexte social et de la saillance de certaines catégories.

Turner a ainsi mis en évidence que nous ne nous identifions pas toujours aux mêmes groupes, mais que notre identité varie en fonction du contexte social et des enjeux de la situation.

Cette flexibilité identitaire, cette capacité à nous auto-catégoriser de différentes manières, est essentielle pour notre adaptation au monde social. Elle nous permet de naviguer entre les différents contextes, d'interagir efficacement avec les autres et de maintenir un sentiment de cohérence et de continuité malgré la multiplicité de nos appartenances.

Dans le cas de Hurr, cette théorie de l'auto-catégorisation offre un éclairage précieux sur son parcours. Son sentiment d'incompatibilité avec son entourage peut être interprété comme une difficulté à trouver un contexte social où son identité puisse s'épanouir pleinement. Son refus des catégories existantes, son besoin d'être considéré différemment, témoignent d'une recherche d'une auto-catégorisation plus authentique, plus en accord avec son être profond. On peut imaginer que dans certains contextes, son identité familiale est activée, le confrontant aux attentes et aux normes de sa famille, tandis que dans d'autres contextes, d'autres aspects de son identité, peut-être liés à des intérêts personnels ou à des aspirations artistiques, prennent le dessus. Son parcours chaotique, marqué par des ruptures et des transitions, peut être vu comme une tentative de trouver un équilibre entre ces différentes autocatégorisations, de construire une identité qui intègre toutes les facettes de son être.

En considérant l'apport de Turner, nous comprenons mieux la complexité et la dynamique de l'identité sociale. Elle n'est pas une donnée statique, mais une construction en mouvement, qui se module en fonction des contextes et des interactions sociales. Cette perspective nous invite à porter un regard plus nuancé sur le parcours de Hurr, en tenant compte de la multiplicité de ses identités et de ses difficultés à trouver un équilibre entre elles.

Comment ces perspectives sociologiques, centrées sur l'importance des interactions sociales et des appartenances groupales, éclairent-elles le parcours singulier de Hurr ? Son sentiment profond d'incompatibilité avec son entourage, ce malaise existentiel qui le pousse à se sentir étranger au monde qui l'entoure, peuvent être interprétés comme une difficulté fondamentale à s'identifier aux groupes sociaux auxquels il est censé appartenir. Il ne s'agit pas simplement d'une différence de tempérament ou d'une divergence d'opinions, mais d'une véritable rupture, d'un fossé qui se creuse entre son être profond et les cadres sociaux qui lui sont proposés.

Son refus catégorique de se conformer aux attentes familiales, aux normes et aux valeurs transmises par son milieu d'origine, peut être vu comme une remise en question radicale des fondements de son identité sociale. Il ne rejette pas seulement des comportements ou des attitudes spécifiques, mais un système de valeurs tout entier, un ensemble de représentations du monde qui ne correspondent pas à sa propre vision. Ce refus n'est pas un acte de rébellion gratuite, mais une tentative de se libérer d'un carcan identitaire qui l'étouffe, de se soustraire à une assignation identitaire qui ne lui convient pas. On peut se demander si Hurr ne cherche pas, à travers cette rupture, à construire une nouvelle identité sociale, en dehors des sentiers battus, en s'identifiant à d'autres groupes, à d'autres communautés de pensée, ou même en créant son propre groupe de référence, un espace où il pourrait enfin se sentir compris et accepté.

Hurr ne se contente pas de constater son incompatibilité avec son entourage ; il la justifie, il la légitime, en soulignant l'injustice des mécanismes de discrimination sociale et financière qui tendent à enfermer les individus dans des catégories prédéfinies. Il revendique une identité qui transcende les catégories sociales et financières, une identité basée sur son individualité, ses valeurs propres, son être profond. Il aspire à une reconnaissance qui ne soit pas conditionnée par son origine sociale ou son statut économique, mais qui reconnaisse sa valeur intrinsèque en tant qu'être humain.

Cette phrase est un véritable manifeste pour une identité plurielle et inclusive, une identité qui ne se limite pas à une seule appartenance, mais qui embrasse la complexité et la multiplicité des expériences humaines. Hurr, en quelque sorte, refuse d'être enfermé dans une case, d'être réduit à un stéréotype. Il aspire à une identité fluide, adaptable, qui lui permette de naviguer entre les différents contextes sociaux sans renier son authenticité. Il cherche à construire une identité qui soit à la fois personnelle et sociale, individuelle et collective, une identité qui lui permette de se sentir pleinement intégré au monde tout en restant fidèle à lui-même.

En comprenant les enjeux liés à l'identification sociale, à la catégorisation et à l'auto-catégorisation, nous pouvons mieux saisir la profondeur du malaise de Hurr et la complexité de sa quête identitaire. Son parcours n'est pas simplement une histoire individuelle, mais un reflet des tensions et des défis auxquels sont confrontés de nombreux individus dans nos sociétés contemporaines, confrontés à la pression de la conformité, à la stigmatisation de la différence et à l'injustice des inégalités sociales.

L'approche sociologique, en nous rappelant que l'identité n'est pas une simple affaire individuelle, une construction solitaire et introspective, mais qu'elle se tisse dans le contexte social et culturel, nous ouvre des perspectives essentielles pour comprendre le parcours complexe de Hurr. Elle nous invite à dépasser une vision purement psychologique, centrée sur les processus internes de l'individu, pour considérer les interactions de Hurr avec son entourage, ses relations avec les différents groupes auxquels il appartient ou auxquels il aspire à appartenir. Car c'est dans ce dialogue constant avec le monde extérieur, dans cette confrontation avec les normes, les valeurs et les attentes sociales, que se forge véritablement l'identité.

Cette perspective sociologique nous amène à considérer l'environnement de Hurr comme un véritable laboratoire identitaire, un espace où se jouent des dynamiques complexes d'inclusion et d'exclusion, d'appartenance et de rejet. Ses interactions avec sa famille, ses amis, ses pairs, les institutions qu'il fréquente, les médias qu'il consomme, autant de facteurs qui influencent sa perception de lui-même et sa place dans le monde. Chaque interaction est une occasion de se définir, de se positionner par rapport aux autres, de négocier son identité.

Le sentiment d'incompatibilité de Hurr, son besoin d'être considéré différemment, ne sont pas des phénomènes isolés, mais les symptômes d'une difficulté à s'intégrer dans les cadres sociaux existants. Il ne s'agit pas seulement d'un conflit intrapsychique, mais d'une tension entre son identité personnelle, ses aspirations profondes, et les identités sociales qui lui sont proposées ou imposées par son environnement. Son refus de se conformer aux attentes familiales, par exemple, peut être interprété comme une tentative de se soustraire à une identité héritée, une identité qui ne correspond pas à son être profond. Il cherche à construire une identité plus authentique, plus en accord avec ses valeurs et ses aspirations, mais cette quête se heurte aux résistances du monde social, aux normes et aux conventions qui régissent les interactions entre les individus.

L'analyse de la phrase de Hurr, « *Je m'excuse d'être incompatible avec vous mais je ne mérite pas d'être considéré comme tout le monde et du même cercle par discrimination sociale ou financière* », prend alors une profondeur nouvelle. Il ne s'agit pas seulement d'une plainte individuelle, mais d'une critique sociale, d'une dénonciation des mécanismes d'exclusion et de discrimination qui opèrent au sein de la société. Hurr, en quelque sorte, pointe du doigt l'injustice d'un système qui tend à enfermer les individus dans des catégories prédéfinies, en fonction de leur origine sociale ou de leur statut économique. Il revendique le droit à une identité qui transcende ces catégories, une identité basée sur son individualité et sa valeur intrinsèque.

En considérant les relations de Hurr avec les différents groupes auxquels il appartient ou aspire à appartenir, nous pouvons mieux comprendre les enjeux de sa quête identitaire. Il ne s'agit pas seulement d'une recherche d'une identité personnelle stable et cohérente, mais d'une recherche d'une place dans le monde, d'une reconnaissance sociale qui lui permette d'être pleinement lui-même, au-delà des normes et des conventions. Son parcours est une invitation à réfléchir sur les dynamiques sociales qui influencent la construction de l'identité, sur les mécanismes d'inclusion et d'exclusion, sur la nécessité de créer des espaces sociaux plus inclusifs et plus respectueux de la diversité des identités.

Au sein de la sociologie de l'identité, les travaux d'Henri Tajfel et John Turner constituent des jalons essentiels, éclairant les dynamiques complexes qui lient l'individu aux groupes sociaux et la manière dont ces liens façonnent son identité. Henri Tajfel, avec sa théorie de l'identité sociale, a démontré avec force que nous ne nous définissons pas uniquement par nos caractéristiques individuelles, mais également, et de manière significative, par nos appartenances à des groupes. Ces appartenances, qu'il s'agisse de la famille, du groupe d'amis, de la communauté religieuse, de la nation ou de toute autre forme de collectif, constituent des ancrages sociaux qui structurent notre perception de nous-mêmes et notre place dans le monde.

Tajfel a mis en évidence que nous avons une tendance naturelle à catégoriser le monde social, à classer les individus en groupes distincts. Cette catégorisation, bien que souvent automatique et inconsciente, a des conséquences profondes sur nos attitudes et nos comportements. Elle nous amène à privilégier les membres de notre propre groupe (*l'endogroupe*) et à nous différencier des membres des autres groupes (*les exogroupes*). Plus encore, nous cherchons activement à maintenir une image positive de notre *endogroupe*, car cette image positive rejaillit sur notre propre estime de soi. Nous tirons une fierté de nos appartenances, et nous nous efforçons de les valoriser, parfois même au détriment des autres groupes, ce qui peut malheureusement conduire à des phénomènes de préjugés, de discrimination et de conflits intergroupes.

Cette dynamique d'appartenance et de distinction est particulièrement pertinente pour comprendre le parcours de Hurr. Son sentiment d'incompatibilité avec son entourage peut être interprété comme une difficulté à s'identifier pleinement aux groupes auxquels il est censé appartenir, notamment sa famille et son milieu social d'origine. Son refus de se conformer aux attentes familiales et aux normes sociales peut être vu comme une tentative de se dissocier de ces groupes, de se construire une identité distincte, en dehors des cadres préétablis.

Cette flexibilité identitaire, cette capacité à nous auto-catégoriser de différentes manières, est essentielle pour notre adaptation au monde social. Elle nous permet de naviguer entre les différents contextes, d'interagir efficacement avec les autres et de maintenir un sentiment de cohérence et de continuité malgré la multiplicité de nos appartenances. Pour Hurr, cette flexibilité semble être mise à rude épreuve. Son sentiment persistant d'incompatibilité suggère une difficulté à moduler son identité en fonction des contextes, à trouver un équilibre entre son identité personnelle et ses identités sociales. Son parcours, marqué par des ruptures et des transitions, peut être interprété comme une recherche d'un contexte social où son identité puisse s'épanouir pleinement, sans être contrainte par des catégorisations rigides. Il cherche une forme d'authenticité qui transcende les appartenances et les assignations, une identité qui soit véritablement sienne, et non une simple reproduction des identités collectives qui lui sont proposées.

En considérant conjointement les apports de Tajfel et Turner, nous comprenons mieux les enjeux complexes de la quête identitaire de Hurr. Son refus des catégories existantes, son aspiration à une reconnaissance authentique, témoignent d'une volonté de construire une identité qui transcende les frontières des groupes sociaux et les assignations identitaires, une identité qui soit véritablement sienne, et non une simple juxtaposition d'appartenances imposées.

Pour Hurr, cette crise semble se manifester avec une acuité particulière. Il ne s'agit pas seulement d'une simple divergence d'opinions avec sa famille et son entourage, mais d'un véritable conflit existentiel, d'une lutte pour définir son identité en dehors des cadres préétablis. Son refus d'embrasser la vision du monde pragmatique et axée sur le travail acharné prônée par ses parents peut être interprété comme une tentative de se soustraire à une identité qui lui est imposée de l'extérieur, une identité qui ne correspond pas à ses aspirations profondes. Il aspire à une autre forme de réalisation, à un autre mode de vie, à une autre manière d'être au monde.

Face à cette crise identitaire, on peut se demander, à la lumière des travaux de James Marcia, si Hurr n'est pas engagé dans un processus de moratoire. Ce statut identitaire, caractérisé par une exploration active et une absence d'engagement définitif, décrit parfaitement la situation de Hurr. Il explore différentes possibilités, différents modes de vie, sans encore avoir trouvé sa voie. Son passage d'un extrême à l'autre, d'un mode de vie princier à une existence plus précaire, pourrait être interprété comme une manifestation concrète de cette exploration. Il teste les limites, il expérimente les contrastes, il se confronte à des réalités différentes, dans une quête incessante de soi.

Ce **moratoire,** cette période de questionnements, est essentielle pour la construction d'une identité authentique et mature. Elle permet à l'individu de se détacher des identifications infantiles, des injonctions parentales et des pressions sociales, pour forger une identité qui lui soit propre, en accord avec ses valeurs et ses aspirations profondes. Cependant, ce processus n'est pas sans douleur. Il implique des doutes, des incertitudes, des remises en question, et peut être source d'anxiété et de confusion.

Le parcours de Hurr, avec ses ruptures et ses transitions, ses contradictions apparentes et sa quête d'authenticité, peut donc être vu comme une manifestation complexe et touchante de cette crise identitaire et de ce processus de moratoire. Il est à la recherche d'un équilibre entre son héritage et ses aspirations, entre son besoin d'appartenance et son désir d'indépendance, entre son identité passée et son identité en devenir. Comprendre ces dynamiques nous permet de mieux appréhender les enjeux profonds de son parcours et la complexité de sa quête de soi.

Au cœur de cette exploration des théories de l'identité, la parole de Hurr résonne avec une force singulière, offrant une illustration concrète et poignante des enjeux liés à la construction de soi. Sa citation, « *C'est moi-même qui "me" dit ! Personne d'autre. Pourquoi est-ce que je devrais me baser sur les livres pour gérer ma vie ?* », témoigne d'une volonté farouche d'autodétermination, d'une soif inextinguible d'authenticité. Ces mots, simples en apparence, recèlent une profondeur philosophique qui mérite d'être explorée.

Cette affirmation, « *C'est moi-même qui "me" dit !* », est une déclaration d'indépendance, un refus catégorique de laisser les autres définir son identité. Hurr revendique le droit de se connaître lui-même, de se comprendre par lui-même, sans l'intermédiaire de figures d'autorité ou de modèles préétablis. Il rejette l'idée d'une identité prédéterminée, d'un chemin tracé d'avance par l'héritage familial, les conventions sociales ou les injonctions extérieures. Il aspire à une identité authentique, construite sur ses propres bases, en accord avec ses valeurs profondes et ses aspirations les plus intimes.

La question qui suit, « *Pourquoi est-ce que je devrais me baser sur les livres pour gérer ma vie ?* », renforce cette volonté d'autodétermination et met en lumière une critique des savoirs constitués, des modèles théoriques qui prétendent encadrer l'existence humaine. Hurr ne rejette pas la connaissance en soi, mais il refuse de l'ériger en dogme, en vérité absolue. Il privilégie l'expérience vécue, l'introspection, le dialogue avec soi-même, comme autant de sources de connaissance plus authentiques et plus pertinentes pour sa propre vie. Il affirme ainsi la primauté de l'expérience individuelle sur les abstractions théoriques, la nécessité de construire son propre savoir à partir de son propre vécu.

Cette posture résonne avec une résonance particulière avec l'idée d'une identité narrative, un concept développé notamment par le philosophe Paul Ricœur. L'identité narrative postule que nous construisons notre identité en nous racontant des histoires sur nous-mêmes, en donnant un sens à notre parcours de vie à travers un récit cohérent. Ces récits ne sont pas de simples chroniques factuelles, mais des interprétations subjectives de notre vécu, des tentatives de donner une unité et une signification à notre existence. L'identité, dans cette perspective, n'est pas une essence statique, mais un récit en constante évolution, une œuvre en perpétuelle construction.

Hurr, en revendiquant le droit de se définir par lui-même, en refusant les modèles préétablis et en privilégiant l'expérience vécue, se positionne comme l'auteur de sa propre histoire. Il refuse d'être un simple personnage dans un récit écrit par d'autres, et aspire à devenir le narrateur de sa propre vie. Son parcours chaotique, ses ruptures et ses transitions, peuvent être interprétés comme autant de chapitres d'un récit en cours d'écriture, un récit dont il est le seul maître d'œuvre. Son cri du cœur, son besoin d'être compris et reconnu, peuvent être vus comme des tentatives de partager son récit, de le faire entendre au monde, afin de construire une identité qui soit à la fois personnelle et intersubjective, ancrée dans son vécu et reconnue par les autres.

L'histoire de Hurr, avec ses méandres et ses contradictions, ses moments de doute et ses éclairs de lucidité, nous rappelle avec force que la construction de l'identité est un processus éminemment complexe, une aventure intérieure et sociale qui se déploie tout au long de l'existence. Elle n'est pas une simple acquisition, un état stable et définitif, mais un cheminement constant, une quête perpétuelle d'un équilibre entre soi et le monde. Cette quête est influencée par une multitude de facteurs, à la fois individuels et sociaux, intérieurs et extérieurs, conscients et inconscients.

Du point de vue individuel, la construction de l'identité est un processus psychologique complexe, qui implique des mécanismes d'introspection, de réflexion, d'expérimentation et d'intégration. Elle suppose une exploration de ses propres valeurs, de ses aspirations profondes, de ses forces et de ses faiblesses, de son histoire personnelle et de ses expériences vécues. Elle nécessite également une capacité à se remettre en question, à se transformer, à s'adapter aux changements et aux défis de la vie.

L'histoire de Hurr souligne avec une acuité particulière l'importance de l'exploration, de l'expérimentation et de l'affirmation de soi dans cette quête essentielle. Son refus de se conformer aux attentes familiales, son besoin d'affirmer sa propre voie, son sentiment d'incompatibilité avec son entourage, témoignent d'une volonté farouche de se construire une identité authentique, en accord avec son être profond. Son parcours, marqué par des ruptures et des transitions, peut être interprété comme une série d'expérimentations, une tentative de tester les limites, de se confronter à différentes réalités, afin de mieux se connaître et de trouver sa place.

Comprendre ces mécanismes complexes, ces dynamiques subtiles qui sous-tendent la construction identitaire, nous permet d'appréhender avec plus de finesse les défis auxquels Hurr est confronté et la profondeur de sa recherche d'identité. Son parcours n'est pas un cas isolé, mais un exemple révélateur des enjeux auxquels sont confrontés de nombreux individus dans nos sociétés contemporaines. Il nous invite à réfléchir sur la complexité de l'être humain, sur la nécessité de respecter la diversité des identités et sur l'importance de créer des espaces sociaux plus inclusifs et plus respectueux de la singularité de chacun. L'histoire de Hurr, en somme, est une invitation à un voyage au cœur de l'humain, une exploration des multiples facettes de son identité et une réflexion sur les conditions de son épanouissement.

Chapitre 5. Face aux Défis : Mécanismes de Défense et Stratégies d'Adaptation

Au cœur de la psyché humaine se déploie un ensemble complexe de processus, souvent invisibles à l'œil nu. Ils visent à maintenir un équilibre psychique fragile face aux assauts du monde extérieur et aux tourments des conflits internes.

Parmi ces processus, les mécanismes de défense occupent une place centrale. Ils agissent comme un bouclier intérieur, une ligne de défense psychologique qui se met en place de manière automatique et inconsciente pour protéger le moi, cette instance psychique responsable de l'adaptation à la réalité, face à l'anxiété, à la souffrance, aux émotions trop intenses ou aux situations stressantes.

Il est crucial de souligner d'emblée que les mécanismes de défense ne sont pas, en soi, pathologiques. Ils sont universels, présents chez chaque individu, et font partie intégrante du fonctionnement psychique normal. Ils sont des outils adaptatifs, des stratégies que nous développons dès l'enfance pour faire face aux difficultés de la vie, aux frustrations, aux déceptions, aux conflits relationnels, aux expériences traumatisantes. Ils permettent de gérer des émotions trop fortes pour être intégrées consciemment, de maintenir une image de soi cohérente et de préserver un sentiment de sécurité intérieure.

Imaginez un thermostat qui régule la température d'une pièce. Lorsque la température devient trop élevée ou trop basse, le thermostat se déclenche automatiquement pour rétablir un équilibre. De même, les mécanismes de défense se mettent en place lorsque l'équilibre psychique est menacé, lorsque le moi est confronté à une tension insupportable. Ils agissent comme des soupapes de sécurité, permettant de décharger l'énergie psychique et de réduire l'anxiété.

Cependant, l'utilisation rigide et répétée de certains mécanismes de défense, ou leur inadaptation à la réalité, peut devenir problématique et entraver le développement psychologique. Lorsque les mécanismes de défense sont utilisés de manière excessive, ils peuvent rigidifier le fonctionnement psychique, empêcher l'individu de faire face aux difficultés de manière constructive, et entraver son adaptation à la réalité. Ils peuvent également conduire à des distorsions de la réalité, à une perte de contact avec ses émotions et à des difficultés relationnelles.

Par exemple, le déni, qui consiste à nier la réalité d'une situation douloureuse, peut être utile à court terme pour amortir le choc d'une mauvaise nouvelle. Mais son utilisation prolongée peut empêcher l'individu de faire le deuil de cette situation et de s'adapter à la nouvelle réalité.

Il en est de même pour l'intellectualisation, qui consiste à analyser les émotions de manière froide et distanciée, peut-être une stratégie efficace pour gérer l'anxiété face à une situation stressante.

Dans le cas de Hurr, il est essentiel d'examiner les mécanismes de défense qu'il met en œuvre face aux tensions entre l'héritage familial et son désir d'émancipation, face à son sentiment d'incompatibilité et aux défis de sa quête identitaire. Il ne s'agira pas de les juger, de les qualifier de « *bons* » ou de « *mauvais* », mais de les comprendre comme des tentatives, souvent maladroites mais toujours significatives, de gérer des conflits internes et de maintenir un équilibre psychique fragile. Cette compréhension empathique permettra de mieux appréhender la complexité de son parcours et de l'accompagner sur le chemin de la construction d'une identité plus authentique et plus épanouissante.

L'observation attentive du parcours de Hurr, de ses paroles et de ses comportements, nous permet de déceler la mise en œuvre de certains mécanismes de défense, ces stratégies inconscientes que son psychisme déploie pour gérer les tensions et les conflits auxquels il est confronté.

Le premier mécanisme est le fruit du **déni.** Celui qui se manifeste par un refus de reconnaître la réalité d'une situation, d'une pensée ou d'un sentiment qui est source d'angoisse. Chez Hurr, ce mécanisme pourrait se traduire par une minimisation ou une négation de l'impact de l'héritage familial sur sa vie. Il pourrait, par exemple, affirmer avec conviction que son histoire familiale n'a aucune influence sur ses choix ou ses difficultés actuelles, refusant de voir les liens subtils qui l'unissent à son passé et aux générations qui l'ont précédé. Il pourrait ainsi rejeter en bloc les valeurs transmises par sa famille, sans chercher à comprendre leur origine ou leur signification, comme une tentative de se couper d'un passé qu'il juge trop pesant.

Ce déni peut se manifester par des phrases telles que "*Je suis maître de ma vie, je n'ai rien à voir avec leur histoire*", ou encore par un évitement systématique des conversations portant sur le passé familial.

Le deuxième mécanisme n'est autre que **l'intellectualisation**. Celle qui consiste à transformer une émotion ou un affect désagréable en une pensée abstraite, en une analyse rationnelle et distanciée.

Chez Hurr, ce mécanisme pourrait se traduire par une propension à analyser ses émotions plutôt qu'à les ressentir pleinement. Face à une situation conflictuelle ou douloureuse, il pourrait adopter une posture très rationnelle, cherchant à comprendre les causes et les conséquences de la situation, mais en évitant de se connecter à la charge émotionnelle qu'elle suscite. Il pourrait, par exemple, parler de son sentiment d'incompatibilité avec son entourage en termes très généraux, en utilisant un vocabulaire technique ou philosophique, mais sans exprimer la tristesse, la colère ou la frustration qu'il ressent réellement.

Cette intellectualisation peut se manifester par un discours très élaboré, mais dépourvu de chaleur émotionnelle, comme une tentative de mettre à distance la souffrance en la transformant en objet d'étude.

Le troisième mécanisme est l'isolement **affectif.** Celui qui se caractérise par une difficulté à exprimer ses émotions et par un retrait émotionnel face à des situations conflictuelles ou douloureuses.

Chez Hurr, ce mécanisme pourrait se traduire par une tendance à se replier sur lui-même face aux tensions familiales ou aux difficultés relationnelles. Il pourrait éviter les contacts sociaux, se murer dans le silence, ou encore adopter une attitude détachée et indifférente face aux émotions des autres.

Cette difficulté à exprimer ses émotions peut être interprétée comme une tentative de se protéger d'une souffrance trop intense, d'éviter d'être blessé ou rejeté.

Cet isolement peut se manifester par un manque d'empathie apparente, une difficulté à partager ses joies et ses peines, ou encore par une tendance à l'évitement des situations sociales.

Le quatrième mécanisme est la **projection**. Celle qui consiste à attribuer à autrui des sentiments, des pensées ou des comportements que l'on refuse de reconnaître en soi-même.

Chez Hurr, ce mécanisme pourrait se traduire par une tendance à attribuer à son entourage les sentiments d'incompréhension ou de rejet qu'il ressent lui-même. Il pourrait, par exemple, accuser sa famille de ne pas le comprendre, de ne pas l'accepter tel qu'il est, alors qu'il éprouve lui-même des difficultés à s'accepter et à s'affirmer pleinement.

Cette projection peut se manifester par des critiques acerbes envers les autres, par des jugements hâtifs ou encore par une tendance à se victimiser.

Le cinquième mécanisme est la **formation réactionnelle.** Celle qui consiste à adopter des attitudes ou des comportements opposés à ses véritables sentiments, afin de les masquer ou de les contrôler.

Chez Hurr, ce mécanisme pourrait se traduire par une attitude d'indépendance excessive, comme une tentative de masquer un besoin profond d'attachement et de reconnaissance. Il pourrait, par exemple, afficher une assurance et une autonomie sans faille, refusant toute forme d'aide ou de soutien, alors qu'il ressent intérieurement un besoin criant d'être aimé et accepté.

Cette formation réactionnelle peut se manifester par une attitude de défi, un refus de toute forme d'autorité ou encore par une tendance à l'isolement social.

Il est important de souligner que ces mécanismes de défense ne sont pas nécessairement présents de manière isolée chez Hurr. Ils peuvent coexister, se combiner et s'influencer mutuellement, créant une dynamique psychique complexe et subtile.

L'objectif de cette analyse n'est pas de poser un diagnostic, mais de mieux comprendre les enjeux psychiques auxquels Hurr est confronté et de porter un regard plus empathique sur son parcours.

Au-delà des mécanismes de défense inconscients, Hurr met également en œuvre des stratégies d'adaptation conscientes, des efforts délibérés pour gérer le stress, les émotions difficiles et les situations problématiques.

Ces stratégies, souvent appelées "*coping*", témoignent de sa capacité à faire face aux défis et à rechercher un équilibre dans sa vie. Elles représentent des ressources précieuses dans son parcours vers la construction d'une identité plus sereine et plus affirmée.

Face au sentiment d'incompatibilité, au décalage ressenti entre son être profond et les attentes de son entourage, Hurr semble animé par une profonde recherche de sens.

Cette quête d'authenticité, ce besoin impérieux d'affirmer sa propre voie, peut être interprété comme une stratégie d'adaptation fondamentale.

En cherchant à donner un sens à son expérience, à comprendre les raisons de son malaise et à définir ses propres valeurs, Hurr tente de se construire un ancrage intérieur solide, une base à partir de laquelle il peut naviguer les turbulences de son parcours.

Cette recherche de sens peut se manifester par une exploration philosophique, spirituelle ou existentielle, par un questionnement profond sur le sens de la vie, sur sa propre place dans le monde, ou encore par une volonté de donner une contribution significative à la société, en accord avec ses valeurs.

Par exemple, si Hurr s'engage dans des causes qui lui tiennent à cœur, s'il cherche à comprendre les enjeux sociaux et politiques, cela peut être vu comme une manière de donner un sens à son expérience et de dépasser son sentiment d'incompatibilité en s'investissant dans quelque chose de plus grand que lui.

Si Hurr s'exprime à travers l'art, l'écriture, la musique, le théâtre ou d'autres formes de créativité, cela peut être analysé comme une stratégie d'adaptation particulièrement puissante.

L'expression créative offre un espace privilégié pour canaliser les émotions complexes, pour donner forme à l'intériorité et pour communiquer des aspects de soi qui ne peuvent pas toujours être exprimés par les mots.

L'acte créatif permet de transformer une expérience douloureuse ou conflictuelle en une œuvre d'art, en une expression symbolique qui lui donne un sens et une valeur.

Par exemple, si Hurr écrit des poèmes ou des chansons qui expriment son sentiment d'incompatibilité, il ne se contenterait pas de verbaliser sa souffrance ; il la transforme, il la transcende en une création qui peut toucher et inspirer les autres. Cette expression créative peut également être une source de réconfort et de catharsis, permettant de libérer des émotions refoulées et de retrouver un certain équilibre intérieur.

La deuxième stratégie est celle du soutien social, le besoin de liens authentiques. Ces liens peuvent se manifester à travers des relations amicales, des figures de mentorat, des groupes de soutien ou d'autres formes de liens sociaux dans le parcours de Hurr. Ils ne doivent pas être sous-estimés.

La recherche de soutien social est une stratégie d'adaptation essentielle, qui permet de se sentir entendu, compris et validé. Les relations authentiques et bienveillantes offrent un espace de partage, de réconfort et de soutien émotionnel, permettant de traverser les moments difficiles avec plus de force et de résilience.

Par exemple, si Hurr a des amis qui partagent ses valeurs et qui l'acceptent tel qu'il est, cela peut l'aider à renforcer son estime de soi et à se sentir moins seul face à son sentiment d'incompatibilité.

De même, la présence d'une figure de mentorat, d'un adulte bienveillant et compréhensif, peut lui apporter un soutien précieux et l'aider à naviguer les défis de sa quête identitaire.

Cette recherche de soutien social peut se manifester par une ouverture aux autres, une volonté de créer des liens significatifs, ou encore par la recherche d'aide professionnelle, comme une thérapie ou un accompagnement psychologique.

Il est important de noter que ces stratégies d'adaptation ne sont pas exclusives les unes des autres. Elles peuvent se combiner et se renforcer mutuellement, créant une dynamique d'adaptation complexe et subtile.

L'observation attentive de la manière dont Hurr utilise ces différentes stratégies nous permet de mieux comprendre sa manière de faire face aux difficultés et de l'accompagner sur son chemin vers un équilibre psychique et une identité plus affirmée.

En sommes, il est question d'un équilibre fragile. L'Intrication des Défenses et des Adaptations

L'exploration des mécanismes de défense et des stratégies d'adaptation de Hurr nous offrent une compréhension plus nuancées de son fonctionnement psychique et des défis auxquels il est confronté. Il est essentiel de souligner que ces deux types de processus, bien que distincts, ne fonctionnent pas de manière isolée. Ils s'intriquent, s'influencent mutuellement, et contribuent à façonner la manière dont Hurr interagit avec le monde et gère ses conflits internes.

Les mécanismes de défense, par leur nature inconsciente, agissent en coulisses, cherchant à protéger le moi des angoisses et des émotions trop intenses. Ils peuvent se manifester par des distorsions de la réalité, des évitements émotionnels ou des comportements paradoxaux.

Les stratégies d'adaptation, quant à elles, sont des efforts conscients et intentionnels pour faire face aux difficultés, pour trouver des solutions et pour maintenir un équilibre psychique. Elles témoignent de la capacité de l'individu à mobiliser ses ressources et à s'adapter aux situations stressantes.

Dans le cas de Hurr, on peut observer une interaction complexe entre ces deux types de processus. Par exemple, son intellectualisation peut être à la fois un mécanisme de défense, lui permettant de mettre à distance ses émotions douloureuses, et une stratégie d'adaptation, lui permettant d'analyser les situations de manière rationnelle et de trouver des solutions. De même, sa recherche de sens peut être interprétée comme une tentative de donner une cohérence à son expérience et de dépasser son sentiment d'incompatibilité, mais aussi comme une manière de refouler des émotions plus profondes et plus difficiles à gérer.

Il est important de ne pas considérer les mécanismes de défense comme des obstacles à surmonter ou des faiblesses à corriger. Ils sont des manifestations d'une souffrance psychique, des tentatives, souvent maladroites mais toujours significatives, de préserver un équilibre fragile.

De même, les stratégies d'adaptation ne sont pas toujours parfaites ou efficaces. Elles peuvent parfois être coûteuses en énergie psychique ou conduire à des impasses.

L'objectif de cette analyse n'est pas de porter un jugement moral sur le fonctionnement psychique de Hurr, mais de le comprendre avec empathie et bienveillance. En reconnaissant la complexité de son parcours, les tensions auxquelles il est confronté et les efforts qu'il déploie pour y faire face, nous pouvons éviter les jugements hâtifs et adopter une attitude plus compréhensive et plus soutenante.

Cette compréhension empathique est essentielle pour l'accompagner sur son chemin vers la construction d'une identité plus authentique et plus épanouissante. Elle nous invite à considérer son parcours non pas comme une succession d'erreurs ou de faiblesses, mais comme une quête courageuse et parfois douloureuse d'un équilibre intérieur, une recherche constante d'un sens à sa vie et d'une place dans le monde.

En reconnaissant la validité de son expérience et en respectant ses choix, nous pouvons l'aider à développer des stratégies d'adaptation plus efficaces et à se libérer des mécanismes de défense qui entravent son épanouissement.

En conclusion, l'étude des mécanismes de défense et des stratégies d'adaptation de Hurr nous offre une perspective précieuse sur la complexité de son fonctionnement psychique. Elle nous rappelle que le chemin vers l'équilibre est un processus individuel et unique, marqué par des avancées et des reculs, des moments de clarté et des périodes de doute. En adoptant une approche empathique et bienveillante, nous pouvons l'accompagner sur ce chemin et l'aider à construire une identité plus affirmée et plus sereine.

Chapitre 6. Au-delà du Cas de Hurr, une réflexion sur l'Identité et la Société Contemporaine

Le parcours de Hurr, avec ses questionnements existentiels, son sentiment d'incompatibilité face aux attentes de son entourage et sa quête ardente d'une identité authentique, ne se limite pas à une simple histoire individuelle. Il résonne tel un écho des défis profonds auxquels sont confrontés de nombreux individus dans le monde contemporain. Son expérience, avec ses tensions entre héritage et émancipation, entre conformité et singularité, entre appartenance et individualité, nous offre un prisme précieux pour examiner les enjeux complexes liés à la construction identitaire à l'ère moderne.

En effet, le cas de Hurr, avec son besoin viscéral de se définir par lui-même, en dehors des cadres préétablis, met en lumière une tendance lourde de nos sociétés : la remise en question des identités traditionnelles et la quête d'une identité plus personnelle, plus choisie, plus en phase avec les aspirations profondes de chacun.

Son malaise face aux injonctions sociales et familiales, son désir de transcender les catégories et les étiquettes, reflètent une aspiration partagée par de nombreuses personnes : celle de se construire une identité qui ne soit pas une simple reproduction du passé, mais une création originale, une œuvre unique et personnelle.

Cette quête d'authenticité, cette volonté de se définir en dehors des déterminismes sociaux, n'est pas sans conséquence. Elle engendre des tensions, des conflits, des remises en question profondes, tant au niveau individuel qu'au niveau social. Elle met à l'épreuve les liens familiaux, les appartenances communautaires et les valeurs traditionnelles. Elle soulève des questions essentielles sur la place de l'individu dans un monde en constante mutation, sur les enjeux de la reconnaissance et de l'inclusion, sur la nécessité de concilier le besoin d'appartenance et le désir d'individualité.

Le parcours de Hurr, avec ses ruptures et ses contradictions apparentes, nous invite ainsi à une réflexion plus large sur les transformations profondes qui affectent la construction identitaire dans nos sociétés contemporaines. Il nous confronte aux défis d'un monde globalisé, marqué par la mobilité, le multiculturalisme, l'individualisme croissant et l'omniprésence des technologies numériques. Il nous amène à nous interroger sur les nouvelles formes d'appartenance, sur les enjeux de la reconnaissance et de l'inclusion, et sur les conditions d'un épanouissement individuel et collectif harmonieux.

En analysant le cas de Hurr à la lumière de ces enjeux contemporains, nous pouvons mieux comprendre les dynamiques complexes qui sous-tendent la quête identitaire de chacun et ouvrir des pistes de réflexion pour favoriser une société plus respectueuse de la diversité et de la singularité de chaque individu. Il ne s'agit plus seulement de comprendre le parcours d'un individu, mais de saisir les enjeux d'une époque, les défis d'une génération en quête de sens et d'identité dans un monde en perpétuelle transformation.

Le parcours de Hurr, marqué par un rejet des attentes familiales et une quête d'une identité propre, s'inscrit dans un contexte sociétal plus large caractérisé par une crise des identités traditionnelles. Ces identités, autrefois stables et structurantes, sont aujourd'hui remises en question par des forces puissantes telles que la mondialisation, la mobilité sociale et l'individualisme croissant.

Les identités traditionnelles, qu'elles soient familiales, religieuses, nationales ou liées à une classe sociale, offraient autrefois un cadre de référence clair et des repères stables. Elles définissaient l'appartenance de l'individu à un groupe, lui assignaient une place dans la société et lui transmettaient un ensemble de valeurs, de normes et de traditions. L'identité était alors largement héritée, transmise de génération en génération, et offrait un sentiment de continuité et de sécurité.

Cependant, le monde contemporain a profondément transformé ces dynamiques. La mondialisation, avec son ouverture des frontières, son accélération des échanges et sa diffusion des cultures, a mis en contact des individus et des groupes aux identités multiples et variées. Elle a ébranlé les certitudes et les frontières traditionnelles, créant un sentiment de fluidité et d'incertitude identitaire.

La mobilité sociale, quant à elle, a rompu avec la transmission intergénérationnelle des statuts et des rôles sociaux. Les individus ne sont plus nécessairement destinés à suivre les traces de leurs parents, mais peuvent aspirer à une ascension sociale, à une mobilité géographique et professionnelle qui les éloigne de leur milieu d'origine. Cette mobilité, bien que porteuse d'opportunités, peut également engendrer un sentiment de déracinement, une perte de repères et une difficulté à se situer dans un monde en constante évolution.

L'individualisme croissant, enfin, a valorisé l'autonomie, l'épanouissement personnel et la liberté de choix. L'individu est désormais invité à se construire sa propre identité, à définir ses propres valeurs et à tracer son propre chemin, en dehors des contraintes et des attentes traditionnelles. Cette valorisation de l'individualité, bien que porteuse de liberté et d'autonomie, peut également engendrer un sentiment de solitude, une difficulté à trouver sa place dans un monde où les repères collectifs s'estompent.

Le parcours de Hurr illustre parfaitement cette crise des identités traditionnelles. Son refus de se conformer à l'héritage familial, son besoin d'affirmer sa propre voie, témoignent d'une rupture avec les identités héritées. Il ne se reconnaît pas pleinement dans les valeurs et les attentes de sa famille, et cherche à se construire une identité plus en phase avec ses aspirations profondes.

Cette remise en question des identités traditionnelles ne signifie pas pour autant leur disparition. Elles continuent d'exister et d'influencer les individus, mais elles ne sont plus les seuls repères identitaires. Les individus sont désormais confrontés à une multiplicité d'influences, à une pluralité d'appartenances, et doivent naviguer entre ces différentes identités pour se construire un sentiment de soi cohérent et stable.

Cette complexité identitaire est une caractéristique majeure de la société contemporaine. Elle engendre des défis, des tensions, mais aussi des opportunités. Elle invite à une réflexion sur la manière dont les individus peuvent se construire une identité authentique et épanouissante dans un monde en constante mutation, un monde où les repères traditionnels s'estompent et où l'individu est invité à devenir l'artisan de sa propre identité.

Au cœur de la crise de ces identités traditionnelles se trouve une tension fondamentale, un véritable combat intérieur qui anime de nombreux individus. C’est la tension entre la pression à la conformité et la quête d'authenticité. Cette tension, exacerbée par les mutations profondes de la société contemporaine, est au centre du parcours de Hurr. Elle résonne avec les expériences de nombreuses personnes en quête de soi.

D'un côté, nous ressentons un besoin profond d'appartenance, un désir inné d'être intégré dans un groupe social, d'être reconnu et accepté par les autres. Ce besoin d'appartenance est essentiel à notre équilibre psychologique et à notre bien-être. Il nous procure un sentiment de sécurité, de lien social et de continuité.

Pour satisfaire ce besoin, nous sommes souvent amenés à nous conformer aux normes sociales, aux attentes de notre entourage, aux codes et aux conventions qui régissent les interactions sociales. Cette pression à la conformité peut être explicite, sous forme de règles et d'injonctions, ou implicite, sous forme d'attentes diffuses et de modèles comportementaux.

D'un autre côté, nous aspirons à l'authenticité, à l'expression de notre individualité, à la réalisation de notre potentiel unique. Nous ressentons un besoin impérieux d'être nous-mêmes, de vivre en accord avec nos valeurs profondes, nos aspirations les plus intimes et nos spécificités. Cette quête d'authenticité est une force puissante qui nous pousse à nous différencier des autres, à affirmer notre singularité, à tracer notre propre chemin, même s'il s'éloigne des sentiers battus.

Cette tension entre la pression à la conformité et la quête d'authenticité est une source constante de conflits intérieurs et de dilemmes existentiels. Comment concilier le besoin d'appartenir et le désir d'être soi-même ? Comment naviguer entre les attentes des autres et ses propres aspirations ? Comment trouver un équilibre entre la nécessité de s'adapter au monde social et l'impératif d'affirmer son individualité ?

Le parcours de Hurr illustre parfaitement cette tension. Son sentiment d'incompatibilité avec son entourage, son refus de se conformer à l'héritage familial, son besoin d'être considéré différemment, témoignent d'une lutte acharnée pour préserver son authenticité face à la pression à la conformité. Il refuse de se fondre dans un moule préfabriqué, de renoncer à son individualité pour satisfaire les attentes des autres. Il aspire à une identité qui lui soit propre, une identité qui reflète sa singularité et ses valeurs profondes.

Cette quête d'authenticité, bien que légitime et essentielle, n'est pas sans risque. Elle peut conduire à un sentiment d'isolement, à une marginalisation sociale, voire à une rupture avec les liens familiaux et les appartenances traditionnelles. Elle exige un courage certain, une capacité à assumer sa différence et à affronter le regard des autres.

Dans la société contemporaine, cette tension entre la pression à la conformité et la quête d'authenticité est exacerbée par plusieurs facteurs. La multiplication des canaux de communication, l'omniprésence des médias et des réseaux sociaux, la diffusion de modèles de réussite standardisés exercent une pression constante à la conformité, à l'adoption de normes et de comportements uniformes.

Paradoxalement, cette même société valorise également l'individualisme et l'expression de soi, créant une injonction contradictoire qui peut être source de confusion et d'anxiété.

Comprendre cette tension fondamentale est essentiel pour appréhender les enjeux de la construction identitaire à l'ère moderne. Il s'agit de trouver un équilibre entre le besoin d'appartenance et le désir d'individualité, entre la nécessité de s'adapter au monde social et l'impératif d'affirmer son authenticité.

Cette recherche d'équilibre est un processus continu, un cheminement personnel et social qui nécessite une introspection profonde, une conscience aiguë de ses propres valeurs et une capacité à naviguer les complexités des interactions sociales.

L'expérience de Hurr, avec sa quête d'authenticité et son besoin de se définir par lui-même, prend une dimension particulière à l'ère numérique. Internet, les réseaux sociaux et les nouvelles technologies ont profondément transformé les modalités de la construction identitaire, offrant de nouvelles possibilités d'expression et d'exploration, mais aussi des risques inédits de fragmentation, de comparaison sociale et de perte de repères.

Internet et les réseaux sociaux offrent un espace virtuel sans précédent pour l'exploration identitaire. Les individus peuvent y expérimenter différents rôles, explorer des communautés virtuelles, se connecter avec des personnes partageant les mêmes intérêts, et exprimer des aspects de leur identité qu'ils n'oseraient peut-être pas exprimer dans le monde réel. Pour Hurr, cet espace numérique pourrait représenter une opportunité de se connecter avec des personnes qui comprennent son sentiment d'incompatibilité, de trouver des modèles d'identification alternatifs, ou encore d'exprimer sa créativité à travers des plateformes dédiées.

Les réseaux sociaux, en particulier, permettent une mise en scène de soi, une présentation de son identité à un public potentiellement vaste. Les individus peuvent y construire un "*soi numérique*", une représentation de soi-même à travers des photos, des vidéos, des publications et des interactions. Cette construction du soi numérique peut être une source d'épanouissement et de reconnaissance, permettant aux individus de se sentir valorisés et connectés aux autres. Cependant, elle peut également engendrer une pression à la performance, une course à la popularité et une comparaison sociale constante, qui peuvent avoir des effets négatifs sur l'estime de soi et le bien-être psychologique.

Pour Hurr, cette mise en scène de soi sur les réseaux sociaux pourrait être une manière de chercher une reconnaissance qu'il ne trouve pas dans son entourage réel. Il pourrait être tenté de construire une image idéalisée de lui-même, de masquer ses vulnérabilités et ses doutes, afin de se conformer aux normes et aux attentes du monde virtuel. Cette recherche de validation extérieure peut cependant renforcer son sentiment d'inadéquation s'il perçoit un décalage entre son soi numérique et son soi réel.

L'anonymat relatif offert par internet peut également favoriser l'expression d'aspects cachés de l'identité, l'exploration de nouvelles facettes de soi, ou encore l'expérimentation de rôles sociaux différents. Cette liberté d'expression peut être libératrice pour certains, mais elle peut aussi conduire à une fragmentation de l'identité, à une difficulté à se construire un sentiment de soi cohérent et stable. Pour Hurr, cette possibilité d'explorer différentes identités en ligne pourrait être une source de confusion, renforçant son sentiment d'être multiple et incompatible.

De plus, la comparaison sociale constante qui est inhérente aux réseaux sociaux peut avoir des effets délétères sur l'estime de soi. La mise en scène de vies idéalisées, la course aux ''*likes*'' et aux commentaires, la pression à la performance et à la réussite, peuvent engendrer un sentiment d'infériorité, d'envie et de frustration. Pour Hurr, déjà confronté à un sentiment d'incompatibilité, cette comparaison constante avec les autres sur les réseaux sociaux pourrait renforcer son malaise et son impression de ne pas être à la hauteur.

Enfin, l'abondance d'informations et la rapidité des échanges sur internet peuvent conduire à une perte de repères, à une difficulté à distinguer le vrai du faux, et à une fragmentation de l'attention. Cette surcharge informationnelle peut rendre difficile la construction d'un récit de soi cohérent et stable, et renforcer le sentiment de perte de sens.

Ainsi, l'ère numérique offre des opportunités considérables pour l'exploration et l'expression identitaires, mais elle soulève également des défis importants. Il est crucial de développer un esprit critique face aux informations et aux images qui circulent en ligne, de cultiver des relations authentiques, tant dans le monde réel que virtuel, et de préserver un équilibre entre la vie en ligne et la vie hors ligne. Pour Hurr, il s'agit de trouver un usage sain et constructif des outils numériques, en les utilisant comme des moyens d'expression et de connexion, sans se laisser piéger par les illusions et les pressions du monde virtuel.

Le parcours de Hurr, avec son sentiment d'incompatibilité et sa quête d'une identité authentique, prend une résonance particulière dans le contexte de la mondialisation. Ce phénomène, caractérisé par une mobilité accrue des personnes, une intensification des échanges économiques et culturels, et une interconnexion globale grâce aux nouvelles technologies, a profondément transformé la place de l'individu dans le monde et les enjeux liés à la construction identitaire.

Dans un monde globalisé, les frontières géographiques et culturelles s'estompent, les identités se mélangent et s'hybrident, et les individus sont confrontés à une multiplicité d'influences et de références. Cette ouverture au monde offre des opportunités considérables d'enrichissement personnel, d'échanges culturels et de développement de nouvelles formes d'identité. Pour Hurr, cette ouverture pourrait signifier la possibilité de trouver des communautés d'esprit au-delà des frontières de son environnement d'origine, de se connecter avec des personnes partageant ses valeurs et ses aspirations, et de construire une identité plus large et plus inclusive.

Cependant, la mondialisation engendre également des défis importants pour la construction identitaire. La mobilité accrue, qu'elle soit géographique ou virtuelle, peut entraîner un sentiment de déracinement, une perte de repères et une difficulté à se situer dans un monde en constante mutation. L'individu peut se sentir tiraillé entre son appartenance à une culture d'origine et son ouverture à d'autres cultures, entre son identité locale et son identité globale. Pour Hurr, ce sentiment de déracinement pourrait renforcer son sentiment d'incompatibilité et sa difficulté à trouver sa place dans le monde.

Le multiculturalisme, conséquence directe de la mondialisation, confronte les individus à la coexistence de différentes cultures, de différentes valeurs et de différents modes de vie au sein d'une même société. Cette diversité culturelle peut être une source d'enrichissement et d'ouverture d'esprit, mais elle peut également engendrer des tensions, des incompréhensions et des conflits identitaires. L'individu peut se sentir tiraillé entre son appartenance à une culture spécifique et la nécessité de s'intégrer dans une société multiculturelle, entre le respect de ses traditions et l'adaptation à de nouvelles normes et de nouvelles valeurs. Pour Hurr, cette confrontation au multiculturalisme pourrait être aussi une source de confusion, renforçant son sentiment d'être différent et incompatible.

L'interconnexion globale, permise par les nouvelles technologies, a créé un espace virtuel où les individus peuvent se connecter avec des personnes du monde entier, échanger des idées, partager des expériences et construire des communautés virtuelles. Cette interconnexion offre des opportunités considérables de dialogue interculturel et de compréhension mutuelle, mais elle peut également engendrer des risques d'uniformisation culturelle, de perte de diversité et de fragmentation identitaire. L'individu peut se sentir submergé par un flux constant d'informations et d'influences, et éprouver des difficultés à se construire une identité cohérente et stable.

Pour Hurr, l'interconnexion globale pourrait être à double tranchant. D'un côté, elle pourrait lui offrir la possibilité de trouver des communautés d'esprit et de se connecter avec des personnes qui partagent ses valeurs. D'un autre côté, elle pourrait renforcer son sentiment d'incompatibilité en le confrontant à une multitude de modèles identitaires et en le confrontant à la complexité des relations interculturelles.

Dans ce contexte de mondialisation, les enjeux liés à l'intégration, à la reconnaissance et au dialogue interculturel deviennent cruciaux. L'intégration ne doit pas être synonyme d'assimilation, mais doit permettre à chaque individu de conserver son identité culturelle tout en participant pleinement à la vie de la société. La reconnaissance de la diversité culturelle est essentielle pour favoriser le respect mutuel et la cohésion sociale. Le dialogue interculturel, enfin, est un outil précieux pour dépasser les incompréhensions, les préjugés et les stéréotypes, et pour construire un monde plus inclusif et plus harmonieux.

Le parcours de Hurr, avec ses questionnements et ses difficultés, nous invite à réfléchir sur la manière dont les individus peuvent trouver leur place dans un monde globalisé, comment ils peuvent concilier leur appartenance à une culture spécifique et leur ouverture au monde, comment ils peuvent construire une identité à la fois locale et globale, authentique et ouverte à la diversité.

Le parcours de Hurr, avec son besoin profond d'être reconnu et accepté pour ce qu'il est, met en lumière un enjeu crucial de nos sociétés contemporaines : les enjeux de la reconnaissance et de l'inclusion. Ces enjeux, intimement liés à la question de l'identité, sont au cœur des débats actuels sur *la cohésion sociale, la justice et le vivre-ensemble.*

La reconnaissance, dans une perspective philosophique et psychologique, est un besoin fondamental de l'être humain. Être reconnu, c'est être validé dans son existence, dans son identité, dans sa singularité. C'est se sentir exister aux yeux des autres, être pris en compte, être respecté dans sa différence. La reconnaissance est une source essentielle d'estime de soi, de confiance en soi et de sentiment d'appartenance. Son absence, au contraire, peut engendrer un sentiment d'invisibilité, d'inutilité, voire de rejet, avec des conséquences néfastes sur le bien-être psychologique et l'intégration sociale.

Pour Hurr, la reconnaissance est un enjeu central. Son sentiment d'incompatibilité, son impression de ne pas être à sa place, peuvent être interprétés comme un manque de reconnaissance de son identité, de sa singularité. Son besoin d'être considéré différemment, d'être reconnu pour ce qu'il est vraiment, au-delà des apparences et des conventions, témoigne d'une quête profonde de reconnaissance.

L'inclusion, quant à elle, est un concept qui dépasse la simple tolérance ou la coexistence.

Elle implique une participation active et pleine de chaque individu à la vie de la société, dans le respect de sa diversité et de ses spécificités. Une société inclusive est une société qui reconnaît et valorise la diversité des identités, qui offre à chacun les mêmes opportunités et les mêmes droits, et qui lutte contre toutes les formes de discrimination et d'exclusion.

L'inclusion ne se limite pas à l'intégration des minorités ou des groupes marginalisés. Elle concerne l'ensemble de la société et implique une transformation profonde des mentalités, des institutions et des pratiques sociales. Elle nécessite une remise en question des normes et des représentations dominantes, une ouverture à la différence et une volonté de construire un monde plus juste et plus équitable.

Les enjeux de la reconnaissance et de l'inclusion sont intimement liés. La reconnaissance est une condition nécessaire à l'inclusion, et l'inclusion, à son tour, renforce la reconnaissance. Une société qui reconnaît la diversité des identités et qui lutte contre l'exclusion crée un environnement favorable à l'épanouissement de chacun et à la construction d'une identité positive et affirmée.

Dans le contexte actuel, marqué par la mondialisation, la mobilité accrue et la complexité des identités, les enjeux de la reconnaissance et de l'inclusion prennent une dimension particulière. La coexistence de différentes cultures, de différentes valeurs et de différents modes de vie au sein d'une même société rend nécessaire un dialogue interculturel constant et une volonté de construire un vivre-ensemble basé sur le respect mutuel et la reconnaissance de la diversité.

Le parcours de Hurr, avec son besoin d'être reconnu et inclus, nous invite à réfléchir sur les conditions d'une société plus inclusive, qui respecte la diversité des identités et qui offre à chacun la possibilité de s'épanouir pleinement.

Il nous rappelle que la construction d'une identité positive et affirmée est étroitement liée à la reconnaissance sociale et à l'inclusion. Il nous encourage à œuvrer pour un monde où chacun puisse trouver sa place, être respecté dans sa différence et contribuer pleinement à la vie de la société.

Pour conclure, confirmons que le parcours de Hurr, analysé à travers le prisme des enjeux contemporains liés à l'identité, nous conduit à une réflexion essentielle sur les conditions d'une construction identitaire harmonieuse dans le monde actuel. Il ne s'agit pas de proposer des solutions simplistes ou des recettes toutes faites, mais d'ouvrir des pistes de réflexion, d'esquisser des directions à explorer pour cultiver un environnement social et psychologique favorable à l'épanouissement de chacun.

Face à la crise des identités traditionnelles, à la tension entre conformité et authenticité, aux défis posés par l'ère numérique et la mondialisation, il est crucial de promouvoir une véritable ***"écologie de l'identité"***, un environnement où chaque individu puisse se construire et s'épanouir dans le respect de sa singularité et de sa diversité. Cette écologie de l'identité repose sur plusieurs piliers.

Ainsi, le dialogue, véritable rencontre entre les subjectivités, est un outil essentiel pour dépasser les incompréhensions, les préjugés et les stéréotypes. Il permet de partager des expériences, d'exprimer des points de vue différents, de construire du sens ensemble et de favoriser la compréhension mutuelle.

L'écoute active, quant à elle, implique une attention profonde à l'autre, une volonté de comprendre son vécu et ses émotions, sans jugement ni interprétation hâtive.

Pour Hurr, comme pour tout individu en quête d'identité, un espace de dialogue authentique et d'écoute bienveillante est primordial pour se sentir entendu, compris et validé.

Vient ensuite l'éducation à l'empathie et à la tolérance. L'empathie, cette capacité à se mettre à la place de l'autre, à ressentir ses émotions et à comprendre son point de vue, est une compétence essentielle pour favoriser l'inclusion et le respect de la différence.

L'éducation à l'empathie, dès le plus jeune âge, permet de développer une ouverture d'esprit, une sensibilité aux autres et une capacité à vivre ensemble dans la diversité.

La tolérance, quant à elle, ne se limite pas à la simple acceptation passive de la différence. Elle implique une reconnaissance active de la valeur de chaque individu, une volonté de construire un monde où chacun puisse trouver sa place, quelles que soient son origine, sa culture, ses croyances ou son identité.

Plutôt que de chercher à uniformiser les identités et à imposer des normes rigides, il est essentiel de valoriser la diversité et la singularité de chaque individu. Chaque personne est unique, avec son histoire, ses valeurs, ses talents et ses aspirations. Cette diversité est une richesse pour la société, une source de créativité, d'innovation et d'enrichissement mutuel. Il est donc crucial de créer des espaces sociaux où chacun puisse exprimer son identité librement et se sentir valorisé pour ce qu'il est.

Par ailleurs, face aux défis posés par l'ère numérique, il est essentiel de développer un esprit critique face aux informations et aux images qui circulent en ligne, de cultiver des relations authentiques, tant dans le monde réel que virtuel, et de préserver un équilibre entre la vie en ligne et la vie hors ligne. Il s'agit d'éduquer les jeunes, et les moins jeunes, à un usage responsable et constructif des outils numériques, en les utilisant comme des moyens d'expression, de connexion et d'apprentissage, sans se laisser piéger par les illusions, les pressions et les manipulations du monde virtuel.

Mais cela ne peut se faire sans un réel soutien à la construction d'un récit de soi cohérent et stable en offrant aux individus des espaces de parole, d'écoute et de réflexion. Ce récit, cette narration de sa propre histoire, permet de donner un sens à son parcours, d'intégrer les expériences passées et de se projeter dans l'avenir. Il est un élément essentiel de la construction identitaire et contribue à renforcer le sentiment de continuité et de cohérence de soi.

En conclusion, favoriser une construction identitaire harmonieuse dans le monde contemporain est un défi majeur, mais aussi une formidable opportunité. Il s'agit de cultiver l'humain dans toute sa complexité et sa diversité, de créer un environnement social et psychologique où chacun puisse se sentir reconnu, respecté et inclus. Ce n'est qu'à cette condition que nous pourrons construire une société plus juste, plus harmonieuse et plus épanouissante pour tous.

Le parcours de Hurr, avec ses questionnements et ses aspirations, nous rappelle l'importance de cette quête et nous invite à y contribuer activement.

Chapitre 7 : Vers un Équilibre, Pistes de Résolution et Actions

L'exploration approfondie du parcours de Hurr, à travers l'analyse de ses mécanismes de défense, de ses stratégies d'adaptation, de l'influence de son héritage familial et des enjeux identitaires contemporains, nous a permis de comprendre la complexité de sa situation et les tensions profondes qui l'animent. Il est crucial de souligner que cette analyse n'est pas une fin en soi, mais une étape vers une compréhension plus fine des dynamiques à l'œuvre et une ouverture vers des perspectives d'évolution et de résolution.

Le parcours de Hurr n'est pas figé dans le marbre. Il est un processus en cours, une trajectoire en mouvement, marquée par des avancées, des reculs, des moments de clarté et des périodes de doute. L'identité, comme nous l'avons vu, n'est pas une entité statique, mais une construction dynamique, qui se transforme et se réinvente tout au long de la vie. Ainsi, les difficultés que rencontre Hurr, bien que réelles et significatives, ne sont pas insurmontables. Il existe des possibilités d'évolution, des chemins à explorer pour apaiser les tensions, construire des relations plus harmonieuses et favoriser l'épanouissement de chacun.

Ce chapitre se veut résolument tourné vers l'action, en proposant des pistes de réflexion et des suggestions concrètes pour aider Hurr et sa famille à trouver un équilibre. Il ne s'agira pas de donner des conseils simplistes ou des solutions miracles, mais de suggérer des pistes d'exploration, des outils et des approches qui peuvent favoriser le changement et la transformation.

Il est important de rappeler que le changement est un processus progressif, qui demande du temps, de la patience et de la persévérance. Il implique une prise de conscience des enjeux, une volonté de se remettre en question et un engagement à mettre en œuvre des actions concrètes. Ce processus n'est pas linéaire, il peut être marqué par des moments de stagnation, voire de régression. Il est donc essentiel de cultiver la patience, la bienveillance envers soi-même et la confiance dans la capacité de chacun à évoluer.

Ce chapitre abordera des pistes de réflexion et des actions à mener, tant au niveau individuel pour Hurr, qu'au niveau familial, et enfin, au niveau des interactions entre Hurr et sa famille. L'objectif est de proposer une approche globale et intégrative, qui prenne en compte la complexité des dynamiques en jeu et qui favorise un changement durable et profond. L'approche se veut positive et encourageante, en mettant l'accent sur les ressources et les potentialités de chacun, et en soulignant la possibilité d'un avenir plus serein et plus épanouissant.

A souligner que l'approche qui sera suggérée et les actions qui seront proposées ne prétendent nullement être universelle mais à chaque cas son adaptation, bien que plusieurs résolutions pourraient être appliquées telles que. Mes propos concernent le cas de Hurr et les données de base dont j'ai eu écho.

Aussi bien Hurr que sa famille pourraient s'inscrire dans une démarche et des activités qui pourraient réduire, voire éradiquer certains biais des relations conflictuelles dont les responsabilités sont partagées.

Hurr devrait explorer et construire un cheminement intérieur et opérer une ouverture au Monde.

La famille quant à elle, doit cultiver le Lien et la Compréhension Mutuelle. Cela devrait aboutir à la construction de nouveaux liens.

Les pistes que nous allons explorer dans un premier lieu s'adressent spécifiquement à Hurr, en tant qu'individu en quête d'équilibre et d'épanouissement. Elles visent à l'accompagner dans un processus de transformation personnelle, en l'aidant à mieux se connaître, à se libérer des poids du passé et à construire une identité plus affirmée et plus sereine.

Cela démarre par un Travail d'Introspection dont l'Importance est primordiale. Une sorte de Dialogue avec Soi-même.

Face aux tensions et aux questionnements qui l'habitent, un travail d'introspection approfondi s'avère essentiel pour Hurr. Il s'agit d'un voyage intérieur, une exploration de son monde psychique, de ses émotions, de ses pensées, de ses valeurs, de ses aspirations profondes, de ses blessures et de ses forces.

Ce dialogue avec soi-même permet de mieux se comprendre, de prendre conscience des schémas qui se répètent, des mécanismes de défense qui se mettent en place et des besoins qui ne sont pas satisfaits.

Plusieurs pratiques peuvent favoriser ce travail d'introspection :

1. **L'écriture** : Tenir un journal intime, écrire des poèmes, des nouvelles ou des récits autobiographiques permet de donner une forme concrète à ses pensées et à ses émotions, de les observer avec plus de distance et de les intégrer.

2. **La thérapie** : Un accompagnement thérapeutique, individuel ou en groupe, offre un espace sécurisant et bienveillant pour explorer son vécu, ses difficultés et ses aspirations, avec le soutien d'un professionnel.
3. **La méditation et la pleine conscience** : Ces pratiques permettent de se recentrer sur le moment présent, d'observer ses pensées et ses émotions sans jugement, et de développer une plus grande conscience de soi.
4. **Les pratiques artistiques** : La peinture, la musique, la danse ou le théâtre peuvent être des moyens d'expression privilégiés pour

explorer ses émotions et donner forme à son monde intérieur.

Ce travail d'introspection n'est pas toujours facile. Il peut se confronter à des émotions douloureuses ou à des souvenirs difficiles. Il est donc important de l'aborder avec douceur, avec bienveillance envers soi-même, et de se faire accompagner si besoin.

Après cela, vient la Nécessité de se Détacher de l'Héritage Familial. Comprendre pour se Libérer.

En effet, l'héritage familial, comme nous l'avons vu, peut exercer une influence puissante sur la construction identitaire. Pour Hurr, il est essentiel de se détacher de cet héritage, non pas en le rejetant en bloc, mais en le comprenant et en le transformant pour se l'approprier de manière plus consciente et plus constructive. Il s'agit de faire la part des choses, de distinguer ce qui appartient au passé familial et ce qui relève de son propre vécu, de ses propres aspirations.

Ce processus de détachement peut passer par plusieurs étapes :

1. **L'exploration de l'histoire familiale** : Se renseigner sur le passé de sa famille, sur les expériences vécues par ses ancêtres, peut

aider à comprendre l'origine de certains schémas ou de certaines valeurs familiales.

2. **La reconnaissance des loyautés familiales invisibles** : Prendre conscience des attentes implicites, des non-dits et des injonctions qui se transmettent de génération en génération.
3. **La différenciation de soi** : Affirmer ses propres valeurs, ses propres choix et ses propres aspirations, même s'ils diffèrent de ceux de sa famille.

Ce travail de détachement n'est pas un reniement du passé, mais une appropriation consciente et constructive de son héritage. Il permet de se libérer des poids du passé et de construire une identité plus autonome et plus authentique.

Hurr pourrait aussi explorer de nouvelles identités et s'ouvrir ainsi sur la diversité des possibles.

En effet, pour enrichir son identité et dépasser le sentiment d'incompatibilité, il est important pour Hurr d'explorer de nouvelles identités, d'expérimenter différents rôles, différents contextes sociaux et de s'ouvrir à de nouvelles expériences. Il s'agit de sortir de sa zone de confort, de se confronter à la nouveauté et à l'altérité, afin de découvrir de nouvelles facettes de soi et d'enrichir sa vision du monde.

Cette exploration peut prendre différentes formes :

1. **L'engagement dans des activités nouvelles** : Pratiquer un sport, un art, une langue étrangère, s'engager dans une association ou un projet humanitaire permet de découvrir de nouveaux centres d'intérêt, de développer de nouvelles compétences et de rencontrer de nouvelles personnes.
2. **Les voyages et les échanges culturels** : Voyager, découvrir d'autres cultures, d'autres modes de vie, permet d'élargir ses horizons, de remettre en question ses préjugés et de développer une plus grande ouverture d'esprit.

3. **Les rencontres et les échanges avec des personnes différentes** : Se connecter avec des personnes d'horizons différents, qui partagent d'autres valeurs ou d'autres expériences, permet d'enrichir sa perspective et de développer une plus grande tolérance.

Cette exploration de nouvelles identités n'est pas une quête d'une identité parfaite ou définitive, mais une ouverture à la diversité des possibles, une invitation à se découvrir et à se réinventer continuellement.

Il s’avère aussi important de s'accepter et se valoriser pour le développement de l'estime de soi.

En effet, le développement de l'estime de soi est un élément crucial dans le parcours de Hurr. Il s'agit d'apprendre à s'accepter tel qu'il est, avec ses qualités et ses défauts, ses forces et ses faiblesses. Il s'agit de reconnaître sa propre valeur, de se respecter et de se valoriser.

Ce travail sur l'estime de soi peut passer par :

1. **La reconnaissance de ses qualités et de ses forces** : Identifier ses talents, ses

compétences, ses qualités personnelles et les valoriser.

2. **L'acceptation de ses imperfections** : Accepter ses défauts et ses limites comme faisant partie intégrante de son être.
3. **La pratique de l'auto-compassion** : Se traiter avec bienveillance et indulgence, comme on le ferait avec un ami.
4. **La célébration de ses réussites** : Reconnaître et apprécier ses accomplissements, même les plus petits.

Le développement de l'estime de soi est un processus continu, qui demande du temps et des efforts, et qui s'inscrit en synergie avec les autres pistes explorées. Il ne s'agit pas d'une transformation instantanée, mais d'un cheminement progressif, jalonné de petites victoires et de moments de doute. Il est important de cultiver une attitude patiente et bienveillante envers soi-même, de se donner le droit à l'erreur et de se rappeler que l'on est digne d'amour et de respect, inconditionnellement.

Plus concrètement, le développement de l'estime de soi peut également s'appuyer sur les actions suivantes :

1. **Se fixer des objectifs réalistes et atteignables :** Plutôt que de viser la perfection dès le départ, il est préférable de

se fixer des objectifs modestes et progressifs, qui permettent de renforcer le sentiment d'accomplissement et de progresser pas à pas. Chaque petite réussite contribue à renforcer l'estime de soi et à encourager la poursuite des efforts.

2. **S'entourer de personnes positives et encourageantes :** Les relations sociales jouent un rôle crucial dans le développement de l'estime de soi. S'entourer de personnes qui nous soutiennent, qui nous encouragent et qui croient en nous peut nous aider à renforcer notre confiance en nous et à surmonter les difficultés.

3. **Prendre soin de son corps et de son esprit :** L'estime de soi est également liée à notre bien-être physique et mental. Prendre soin de son corps par une alimentation équilibrée, une activité physique régulière et un sommeil suffisant, et prendre soin de son esprit par des pratiques de relaxation, de méditation ou des activités qui nous plaisent, contribue à renforcer notre sentiment de bien-être et notre estime de soi.
4. **Apprendre à gérer les critiques :** Les critiques, qu'elles soient constructives ou non, peuvent avoir un impact négatif sur l'estime de soi. Il est important d'apprendre à les gérer de manière constructive, en

distinguant les critiques fondées des critiques injustifiées, en tirant des leçons des critiques constructives et en se protégeant des critiques destructrices.

5. **Célébrer ses progrès et ses réussites :** Il est important de reconnaître et de célébrer ses progrès, même les plus petits. Cela permet de renforcer le sentiment d'efficacité personnelle, de cultiver une image positive de soi et de maintenir la motivation.

Il est également important de souligner le lien étroit entre l'estime de soi et les autres pistes proposées. Un travail d'introspection approfondi permet de mieux se connaître et de reconnaître ses qualités et ses forces, ce qui contribue à renforcer l'estime de soi.

De même, le détachement de l'héritage familial permet de se libérer des injonctions et des attentes qui peuvent nuire à l'estime de soi. Enfin, l'exploration de nouvelles identités permet de découvrir de nouvelles compétences et de nouveaux talents, ce qui renforce le sentiment d'efficacité personnelle et l'estime de soi.

En sommes, le développement de l'estime de soi est un processus complexe et multidimensionnel, qui demande du temps, des efforts et une approche globale. Il est important de cultiver la patience, la bienveillance envers soi-même et de se rappeler que l'on est digne d'amour et de respect, inconditionnellement. Ce travail sur l'estime de soi, en synergie avec les autres pistes proposées, permettra à Hurr de construire une identité plus affirmée, plus sereine et plus en accord avec ses aspirations profondes.

Si le travail individuel de Hurr est essentiel, il est tout aussi important d'adresser les dynamiques familiales dans leur ensemble. Les pistes que nous allons explorer ici visent à encourager la famille de Hurr à cultiver le lien, à développer une communication plus authentique et à favoriser la compréhension mutuelle. Il est crucial de souligner que la transformation de Hurr ne peut se faire pleinement sans une évolution parallèle au sein de sa famille.

Cela se base sur l'Importance du dialogue et de l'écoute en ouvrant un espace d'échange authentique.

La communication au sein de la famille de Hurr semble être un point central à travailler. Il s'agit d'encourager l'ouverture d'un espace d'échange authentique, où chacun peut exprimer ses besoins, ses sentiments, ses peurs et ses espoirs, sans jugement ni critique. Ce dialogue ne doit pas se limiter à des conversations superficielles, mais doit permettre une véritable rencontre entre les membres de la famille, une exploration de leurs mondes intérieurs respectifs.

Pour favoriser un tel dialogue, il est important de :

1. **Créer des moments dédiés à la communication** : Instaurer des temps d'échange réguliers, où chacun peut prendre la parole et être écouté attentivement. Ces moments peuvent prendre différentes formes : repas en famille, promenades, soirées jeux, etc. L'important est de créer un espace où la communication est privilégiée.

2. **Pratiquer l'écoute active** : L'écoute active implique une attention profonde à l'autre, une volonté de comprendre son point de vue et ses émotions, sans interrompre ni juger. Il s'agit de se mettre à la place de l'autre, de ressentir ce qu'il ressent et de lui montrer que l'on est réellement à son écoute.
3. **Exprimer ses besoins et ses sentiments avec authenticité** : Plutôt que d'accuser ou de critiquer, il est important d'exprimer ses propres besoins et ses propres sentiments de manière claire et respectueuse. Utiliser le "je" ("Je ressens...", "J'ai besoin de...") plutôt que le "tu" ("Tu es...", "Tu fais...")

permet d'éviter les confrontations et de favoriser la communication.

4. Éviter les généralisations et les jugements hâtifs : Il est important d'éviter les généralisations ("Tu es toujours comme ça") et les jugements hâtifs ("Tu ne comprends rien"). Ces types de communication bloquent le dialogue et renforcent les tensions.

Ce travail sur la communication est essentiel pour apaiser les tensions au sein de la famille et pour permettre à chacun de se sentir entendu et compris. Il est important de souligner que ce processus demande du temps, de la patience et une volonté sincère de la part de tous les membres de la famille.

La première clé réside dans la reconnaissance de la différence, l'acceptation de la singularité de Hurr.

Cette acceptation de la singularité de Hurr est un élément crucial pour apaiser les tensions familiales. Il s'agit pour la famille de reconnaître et de respecter les choix de Hurr, même s'ils diffèrent des attentes familiales ou des normes sociales. Cette reconnaissance implique une ouverture d'esprit, une remise en question des préjugés et une acceptation de la différence.

Plus concrètement, cela signifie :

1. **Reconnaître les qualités et les talents de Hurr** : Plutôt que de se focaliser sur ce qui différencie Hurr des autres membres de la famille, il est important de reconnaître et de valoriser ses qualités, ses talents et ses aspirations.
2. **Respecter ses choix et ses décisions** : Même si la famille ne comprend pas toujours les choix de Hurr, il est important de les respecter et de lui accorder la liberté de suivre son propre chemin.
3. **Éviter les comparaisons et les jugements** : Comparer Hurr à d'autres membres de la famille ou à des modèles extérieurs ne fait

qu'accentuer son sentiment d'incompatibilité et renforcer les tensions. Il est important de le considérer comme un individu unique, avec son propre rythme et ses propres aspirations.

Cette reconnaissance de la différence est un signe de respect et d'amour inconditionnel. Elle permet à Hurr de se sentir accepté et validé dans son identité, ce qui est essentiel pour son épanouissement.

La deuxième clé pourrait résider dans la recherche d'un accompagnement familial, un soutien extérieur pour faciliter le dialogue.

Dans certaines situations, les tensions familiales peuvent être trop importantes pour être gérées uniquement par les membres de la famille. Dans ce cas, la recherche d'un accompagnement familial, tel qu'une thérapie familiale, peut être très bénéfique.

Un thérapeute familial peut offrir un espace neutre et sécurisant pour faciliter le dialogue, aider à identifier les schémas relationnels dysfonctionnels et accompagner la famille dans un processus de changement.

La thérapie familiale peut aider à :

1. **Améliorer la communication** : Le thérapeute peut aider les membres de la famille à exprimer leurs besoins et leurs sentiments de manière claire et respectueuse, et à développer une écoute plus active.
2. **Résoudre les conflits** : Le thérapeute peut aider la famille à identifier les sources de conflit et à trouver des solutions constructives.
3. **Renforcer les liens familiaux** : La thérapie familiale peut aider à renforcer les liens entre les membres de la famille et à créer un climat de confiance et de soutien mutuel.

La thérapie familiale n'est pas un aveu d'échec, mais une démarche courageuse qui témoigne d'une volonté de changer et d'améliorer les relations familiales. Elle offre un espace privilégié pour explorer les dynamiques relationnelles, identifier les blocages et les schémas répétitifs, et favoriser une communication plus authentique et plus constructive. Au-delà de la simple résolution des conflits immédiats, la thérapie familiale peut également jouer un rôle important dans la compréhension et la résolution des problématiques transgénérationnelles.

En effet, comme nous l'avons vu précédemment, les difficultés que rencontre Hurr peuvent être liées à des transmissions transgénérationnelles, à des schémas familiaux qui se répètent de génération en génération. La thérapie familiale peut aider à mettre en lumière ces schémas, à comprendre leur origine et leur impact sur les relations familiales actuelles. Elle permet de dénouer les loyautés invisibles, ces obligations inconscientes qui lient les membres d'une famille aux générations passées, et qui peuvent entraver leur liberté et leur épanouissement.

Plus précisément, la thérapie familiale peut aider la famille de Hurr à :

1. **Identifier les schémas relationnels dysfonctionnels :** Le thérapeute peut aider la famille à prendre conscience des modes

de communication qui créent des tensions, des malentendus et des conflits. Il peut également aider à identifier les rôles que chacun joue au sein de la famille et à comprendre comment ces rôles contribuent aux difficultés relationnelles.

2. **Comprendre l'impact des transmissions transgénérationnelles :** En explorant l'histoire familiale, le thérapeute peut aider la famille à identifier les événements, les secrets ou les traumatismes qui ont pu se transmettre de génération en génération et qui influencent les relations actuelles.
3. **Développer des stratégies de communication plus efficaces :** Le thérapeute peut enseigner à la famille des

techniques de communication assertive, qui permettent d'exprimer ses besoins et ses sentiments de manière claire et respectueuse, tout en tenant compte des besoins et des sentiments des autres.

4. **Renforcer les liens familiaux :** En favorisant le dialogue et la compréhension mutuelle, la thérapie familiale peut aider à renforcer les liens entre les membres de la famille et à créer un climat de confiance et de soutien.
5. **Favoriser l'individuation de chaque membre :** Tout en renforçant les liens familiaux, la thérapie familiale encourage également l'individuation de chaque membre, c'est-à-dire la capacité de chacun à

se différencier de sa famille d'origine et à construire sa propre identité.

Il est important de souligner que la thérapie familiale n'est pas une solution miracle. Elle demande un engagement actif de la part de tous les membres de la famille et un travail sur soi parfois difficile. Cependant, elle peut être un outil précieux pour apaiser les tensions, améliorer la communication et favoriser un climat familial plus serein et plus épanouissant. Elle peut également permettre de briser les cycles de répétition transgénérationnelle et d'ouvrir de nouvelles perspectives d'avenir pour la famille.

En ajoutant cette dimension transgénérationnelle, on renforce l'intérêt de la thérapie familiale dans le contexte spécifique de l'histoire de Hurr. On ne se contente pas de traiter les symptômes actuels, mais on s'attaque également aux racines plus profondes des difficultés, ce qui permet un changement plus durable et plus profond.

Conclusion : Un Chemin Vers l'Harmonie : Cultiver l'Espoir et la Persévérance

Ce voyage au cœur des dynamiques familiales, à travers le prisme de l'expérience de Hurr et de sa famille, nous a permis d'explorer la complexité des relations intergénérationnelles et les défis liés à la quête d'identité. Il est essentiel, en guise de conclusion, de rappeler que le chemin vers un équilibre, vers une harmonie familiale et un épanouissement individuel, est rarement linéaire. Il s'agit d'un processus long, parfois difficile, jalonné d'avancées et de reculs, de moments de clarté et de périodes de doute.

Ce livre n'a pas vocation à proposer des solutions miracles ou des recettes toutes faites. Son ambition a été d'offrir des pistes de réflexion, des outils et des approches qui peuvent éclairer le chemin et faciliter la transformation.

Nous avons exploré l'importance du travail d'introspection pour l'individu, la nécessité de se détacher de l'héritage familial de manière constructive, l'ouverture à de nouvelles expériences et le développement de l'estime de soi. Nous avons également souligné le rôle crucial du dialogue et de l'écoute au sein de la famille, l'importance de la reconnaissance de la différence et l'intérêt d'un accompagnement familial, notamment pour aborder les problématiques transgénérationnelles.

Il est important de se souvenir que chaque individu, chaque famille, est unique. Il n'existe pas de modèle universel, de solution applicable à tous les cas. L'essentiel est de trouver son propre chemin, d'adapter les pistes proposées à sa propre situation et de cultiver une attitude d'ouverture, de bienveillance et de persévérance.

Le chemin vers l'équilibre implique un engagement actif de la part de tous les membres de la famille. Il demande du courage pour se remettre en question, pour exprimer ses besoins et ses sentiments avec authenticité, pour accepter la différence et pour dépasser les conflits. Il demande également de la patience, de la tolérance et une confiance inébranlable dans la capacité de chacun à évoluer et à grandir.

Au-delà des difficultés et des obstacles, il est important de garder à l'esprit que l'apaisement des tensions, la construction de relations plus harmonieuses et l'épanouissement de chacun sont des objectifs atteignables. L'espoir et la persévérance sont des moteurs puissants qui peuvent nous aider à surmonter les épreuves et à progresser vers un avenir plus serein.

Ce livre se termine, mais le cheminement continue. Il s'agit d'un processus continu, d'une quête permanente d'équilibre et d'harmonie. L'important est de continuer à cultiver le dialogue, l'écoute, l'empathie et le respect de la différence, non seulement au sein de la famille, mais aussi dans toutes nos relations et dans la société dans son ensemble. Car c'est en cultivant l'humain, en reconnaissant la valeur unique de chaque individu, que nous pourrons construire un monde plus juste, plus harmonieux et plus épanouissant pour tous.

Bibliographie de l'auteur

	Ecrit avec une de mes doctorantes, ce livre relate quelques aspects des recherches scientifiques que je mène avec mes doctorants et chercheurs, notamment dans le domaine de l'IA **ISBN : 978-613-8-46426-6**
	Une autobiographe dont je cherche à transmettre quelques leçons apprises tout le long de ma vie. L'objectif était aussi de les immortaliser, juste pour ne pas les oublier. **ISBN : 978-620-7-99965-1**
	Une sublimation d'un chapitre de mes recherches en IA. Un roman de sciences fiction. Une pédagogie par l'exemple pour faire passer le message. **ISBN : 978-620-7-81356-8**
	Un recueil de poèmes pour exprimer de manière plus douce mes leçons de vie exprimées dans mon autobiographie et toujours pour ne rien oublier. **ISBN : 978-620-7-81481-7.**

TABLE DES MATIÈRES

Kolibri 360 GmbH
Ferdinand-Jühlke-Straße 7
99095 Erfurt, Deutschland
produktsicherheit@kolibri360.de

Druck:
CPI Druckdienstleistungen GmbH
im Auftrag der
Kolibri 360 GmbH
Ferdinand-Jühlke-Str. 7
99095 Erfurt